· 河南理工大学工商管理学院能源经济研究中心资助出版
· 河南省教育厅人文社会科学研究项目“‘双一流’背景下基于数据挖掘河南省高校学科发展战略研究”（2019-ZDJH-447）资助出版
· “河南省高等学校哲学社会科学创新人才支持计划（2023-CXRC-32）”资助出版

多元化背景下高校图书馆学科服务的实践与发展

李志芳◎著

中国经济出版社
CHINA ECONOMIC PUBLISHING HOUSE
北 京

图书在版编目（CIP）数据

多元化背景下高校图书馆学科服务的实践与发展 / 李志芳著. --北京：中国经济出版社，2022.8
ISBN 978-7-5136-6956-6

Ⅰ.①多… Ⅱ.①李… Ⅲ.①院校图书馆-图书馆服务-研究 Ⅳ.①G258.6

中国版本图书馆 CIP 数据核字（2022）第 099492 号

责任编辑　张利影
责任印制　马小宾
封面设计　华子图文设计公司

出版发行　中国经济出版社
印 刷 者　北京艾普海德印刷有限公司
经 销 者　各地新华书店
开　　本　710mm×1000mm　1/16
印　　张　13.5
字　　数　200 千字
版　　次　2022 年 8 月第 1 版
印　　次　2022 年 8 月第 1 次
定　　价　82.00 元
广告经营许可证　京西工商广字第 8179 号

中国经济出版社 网址 www.economyph.com 社址 北京市东城区安定门外大街 58 号 邮编 100011
本版图书如存在印装质量问题，请与本社销售中心联系调换（联系电话：010-57512564）

前　言

笔者通过文献调研、网络调查和对比分析，收集相关数据，对国内外高校图书馆的相关学科服务实践与发展进行了调研和分析，确定了本书主要研究内容包括以下几个方面。

（1）从高校图书馆的服务发展入手，发现学科服务、科研数据管理服务和学科分析服务是目前高校图书馆转型变革的主要方面，分析了目前国内外高校图书馆服务内容的特点和差异，并对我国高校图书馆服务创新提出建议。高校图书馆的服务具有以下几个特点：①受社会信息化进程的影响，高校图书馆的服务在不断地延伸和扩展，传统服务的比重降低，创新服务的比重在上升。②以用户为中心的服务理念体现得越来越明显，图书馆的服务更加强调用户的地位和用户的参与。③服务呈现交叉性，跨学科协作的特性凸显。受信息化进程的影响，图书馆的服务呈现多样化和交叉性的特点，对图书馆员的知识背景要求也呈现多学科化。目前，图书馆的很多服务都不是独立的。例如，科研数据管理与版权服务紧密联系在一起的同时，又与参考咨询交叉在一起。这就要求我们不仅仅要注重跨学科协作，也需要做好图书馆员多学科知识的培训。高校图书馆服务将会向资源和服务整合、数据管理与数据服务、嵌入式科研和教学支持、数据馆员培训、跨区域跨学科协作等方面发展。

（2）高校图书馆学科服务的实践和发展情况，包括国内外高校图书馆学科服务模式的差异化分析、国内外高校图书馆学科服务内容的差异化分析、国内外高校图书馆学科服务平台的差异化分析，并重点对国内高校图书馆学科服务平台选择的差异进行了分析以及对 LibGuides 平台中发布的图情学科的指南进行了分析。国内外高校图书馆学科服务的模式很相似，内容差异不大，但在导航设置上有很大区分，在平台的选择上也有不同，且其发布的图情学科相关指南的内容和方式值得借鉴。LibGuides 平台在国内外使用最普遍，在美国的使用效果比较好，但在我们国家使用的效果却反响平平。

（3）国内外高校图书馆科研数据管理的实践与发展。科研数据管理是学科服务的一部分，调查中发现很多高校图书馆的科研数据管理服务是与学科服务一起进行的，有些属于学科服务的子导航，有些将科研数据管理的指导实践在学科服务平台中展示，因此本书也讨论了科研数据管理服务的实践，包括导航设置，科研数据管理内容、方式和数据馆员配置等内容。

（4）高校图书馆的学科分析服务实践。在“双一流”建设的背景下，我国各个高校都提出了自己建设一流高校和一流学科的方案。在这个背景下，笔者调查了我国高校图书馆开展学科分析服务的情况，总结了各个高校图书馆学科分析服务的内容，并提出了相应的建议。各个高校的学科分析服务内容相似，主要包括学科发展态势评估、学科竞争力分析、科研人员科研能力分析、期刊分析和专利分析等。

（5）以河南理工大学材料学院为对象，分享了本单位的学科分析实例，包括整体的科研竞争力分析和材料学科的学科发展分析，采用了多种数据分析和数据可视化工具，并对本单位和材料学科的发展提出了相应建议。

目　录

1 绪论

高校图书馆是为高校学科教学和科学研究提供服务的部门。每个高校图书馆都有自己的使命和愿景，从这些使命和愿景中可以看出高校图书馆的主要功能。例如，清华大学图书馆的目标是建设研究型、数字化、开放式的世界一流大学图书馆，宗旨是“以读者为中心，以服务为主导”。北京大学图书馆的愿景是建设一个世界一流的，资源丰富、设施先进、高水平、现代化的，以数字化网络化为技术基础的北京大学文献资源保障与服务体系，为学校的教学科研提供文献信息保障，为建设世界一流大学服务。

总体来看，高校图书馆的主要职责是为师生提供教学和科研上的相关服务。但是在多元化的背景下，高校图书馆的服务内容已不再局限于其传统服务。随着数据密集型科学的兴起，数据成为社会发展的重要战略资源。另外，开放科学的兴起、新技术的冲击等都促使图书馆进行创新改革，拓展其新的服务内容。传统上看，一般将图书馆的功能归纳为两种，即图书馆的基本功能和专属功能。对高校图书馆来说，其基本功能一是收集、整理、保存文献，资源控制与转化；二是为教学和科研提供服务。图书馆的专属功能是为教学和科学研究提供服务。Murray（澳大利亚大学委员会主席）将高校图书馆定义为：能够鼓励学生独立探索知识、增强学生独立思考和判断的能力以及能够为学者提供一个安静且宽松的学术创造环境。1975 年国际图联在法国里昂召开的图书馆职能科学讨论会上将图书馆的职能概括为以下几个方面：保存人类文化遗产、开展社会教育、传递科学情报、开发智力资源。而对于高校图书馆来说，由于其与一般图书馆的性质以及所服务的对象不同，其不仅具有一般图书馆的功能，而且带有自己鲜明的高校性质。

本书以各高校图书馆为研究对象，以调查的相关数据为基础，探讨在多元化背景下高校图书馆学科服务的延伸和发展。学科服务最早起源于美国研究型大学图书馆，1950 年美国的内布拉斯加大学图书馆设立学科馆员制度。目前，该校图书馆的学科馆员是以学科联系人为导航的，但学科服务发展到现在，很多高校图书馆的学科服务已不再被叫作“学科联系人”，而是“学科馆员”。在美国内布拉斯加大学医学中心图书馆的官网上公布的 7 名学科馆员，均有图书馆信息科学的背景。在国内，1998 年清华大学图书馆最先建立学科馆员制度，最初学科馆员的职责主要是与学院建立联系，举办培训讲座，收集相关投稿和期刊资料等。学者初景利在《学科服务概论》中指出学科服务是以用户为核心，主要通过学科馆员，依托图书馆和公共信息资源，面向特定机构和用户，建立基于科研与教学、多方协同、面向一线用户的一种新的服务模式和服务机制，向用户提供个性化、专业化、知识化的服务，提升信息服务能力，为教学科研提供有力的保障与支撑；他指出学科服务是新信息环境下图书馆转型的重要体现，是图书馆重塑形象的突破口，也是图书馆体现其价值、地位和作用的选择，他认为学科服务能走多远，图书馆就能走多远。从该定义可以看出，学科服务对新时代多元化背景下图书馆的服务转型和创新有重要意义，也是图书馆应对消亡论的重要举措。在国内，如果某个高校图书馆开展了学科服务，则以“学科服务”命名该服务，以及与其相关的包括学科馆员或学院联络人、学科服务平台、学科资源导航等；在国外，经过调查可以发现，国外的高校图书馆并没有“学科服务”的导航，如果该图书馆开展了学科服务，一般是以“Research Guides”或“Subject Librarian”表示。“Research Guides”是国外高校图书馆借助于学科服务平台为相关用户提供与学科或教学相关的导引，在国内称为“学科指南”。“Subject Librarian”为学科馆员，在国外有时候为“Subject Experts”。学科馆员是学科服务的践行者和执行者，一般来说学科馆员具备图书情报专业背景，熟悉联系学科的文献资源，或具备相关专业背景，能够利用自身具备的专业素养和技能为对口学院提供有针对性的帮助。在发展之初，学科服务的内涵范围较狭窄，最开始只是建立学科馆员制度并与对口学院建立联系，应学院要求为其师生提供文献资料。但随着社会的发展和科学技术的不断进步，学科服务的内涵在不断地扩大，其不仅仅包含学科馆员的培养，也包括学科服务团队的建立、学科服务制度的建立、学科服务平台的构建、学科服务内容的扩展等。尤其是在目前大数据环境和我国“双一流”建设的背景下，学科服务的内涵不断地扩展。

学科服务作为高校图书馆的服务类型之一，其应用和发展主要体现在实践上，其在国内已有21年的发展历史。一个完整的学科服务体系应包括学科馆员制度、工作职责、服务团队建设、学科服务内容、学科服务平台以及各个部分之间的有机协调。本书基于多元化背景及目前高校图书馆学科服务存在的问题，对国内外高校图书馆的学科服务实践情况进行了调查、分析和研究，希望能够为学科服务的发展提供参考建议，提高我国高校图书馆学科服务的效率。

[参考文献]

[1] 清华大学图书馆［EB/OL］.［2019-07-09］. https：//old. lib. tsinghua. edu. cn/about/history. html.

[2] 北京大学图书馆“宗旨与愿景”［EB/OL］.［2019-07-09］. https：//www. lib. pku. edu. cn/portal/bggk/bgjs/zongzhiyuyuanjin.

[3] 黄宗忠. 充分发挥图书馆功能［J］. 图书馆论坛，2011，31（6）：14-22.

[4] Report of the Committee on Australian Universities［R］. Canberra：Commonwealth Government Printer，1957：51.

[5] Mcgoogan Library of Medicine. Liaisons［EB/OL］.［2019-08-05］. https：//www. unmc. edu/library/contact/liaisons/index. html.

[6] 姜爱蓉. 清华大学图书馆“学科馆员”制度的建立［J］. 图书馆杂志，1999，18（6）：30-31.

[7] 初景利. 学科服务概论［EB/OL］.［2019-07-01］. https：//wenku. baidu. com/view/80b12d41336c1eb91a375dc3. html.

2 多元化背景的概述

多元化既给各行各业带来了变革的契机，也造成了冲击，高校图书馆也不例外。在多元化背景下，高校图书馆的学科服务需要提升和拓展。对高校图书馆来说，数据科学与开放科学的兴起、以用户为中心的服务准则的转变以及信息技术的冲击是其面临的主要机遇和挑战。

2.1 数据密集型科学的兴起

随着数据密集型科学的兴起，数据成为科学研究的基础，数据的价值得到重视。高校图书馆在这种背景下自然成为数据管理机构的首选。高校图书馆作为信息服务的媒介之一，在处理各类文献信息方面具有得天独厚的优势，其具备数据管理和数据服务的能力，开展数据服务对高校、社会和用户都具有重要意义。

大数据、云计算、科研第四范式都是数据密集型科学兴起的体现。大数据的概念发展到现在，全球已经出现了很多能够处理的较大数据规模软件工具和解决方案。大数据呈现出“4V+1C”的特征，即数据量大（Volume）、数据类型繁多（Variety）、价值密度低（Value）、处理速度快（Velocity）、复杂性（Complexity）。其中，数据量大是指数据规模庞大，目前各种移动设备或电子设备产生的数据量越来越大；数据的格式和类型越来越多样化，多源信息产生大量的异构信息；数据量大会使数据的价值密度降低，我们需要从大量的数据中找到有价值的信息，完成数据价值的挖掘会更困难；处理速度快是指对数据实时处理时效性要求高，这是大数据区分于传统数据挖掘最显著的特征；复杂性是指数据的处理复杂，需要有新的方法来满足异构数据统一接入和实时数据处理的要求。用户交互技术的发展以及移动终端设备的不断优化，使得人人都可以成为数据的提供方，也可以成为数据的使用方。当我们使用社交网站交流的时候，它可以记录我们的社交行为；当我们使用搜索引擎检索信息或资料的时候，它可以记录我们的搜索过程、行为和结果；当我们在网上购物的时候，它可以记录我们的喜好，从而根据我们的喜好，向我们推荐商品；微博可以记录人们所产生的即时的想法和意见；图片视频分享网站记录人们的视觉观察；百科全书网站记录人们对抽象概念的认识；幻灯片分享网站记录人们的各种正式和非正式的演讲发言；机构知识库和开放获取期刊记录人们的学术研究成果。从互联网的发展来看，网络社会化、信息社会化和商务社会化使信息网络向人际网络转变，信息处理向关系处理转变，电子商务向社会商务转变。这些转变使数据间的关系越来越复杂，从而加深了数据处理的难度。从研究方法上说，科学研究第四范式应运而生。2009 年，格雷先生在 *The Fourth Paradigm* 一书中提出了科学研究的四个范式并且描述为：经验范式，相对应的是经验科学，产生于几千年前，是描述自然现象，以观察和实验为依据的科学；理论范式，相对应的是理论科学，产生于几百年前，使用模型或归纳方法进行科学研究；模拟范式，相对应的是计算科学，主要模拟复杂的现象；第四范式，相对应的是数据密集型科学，是目前新兴的科学研究范式。科学研究第四范式是继经验范式、理论范式和模拟范式之后的一种针对数据密集型科学的新的研究方法论。该方法论是将数据作为科学研究的对象和工具，基于数据来探索、设计和实施科学研究，构造一个开放协同的研究模式以应对数据洪流。其主要特点是：数据依靠工具获取或者模拟产生，利用计算机软件处理数据，依靠计算机存储数据，利用数据管理和统计工具分析数据。在这种新方法论的影响下，科学研究的方法向以数据为驱动的方向转换，对科学研究的方式和服务的模式都产生了深刻的影响。而高校图书馆作为科学研究的重要基地，是数据、信息和知识的主要储存场所，必将受到数据密集型科学的影响。大数据的出现以及科学研究范式提出新的要求，对高校图图书馆数据的存储、处理和利用提出了挑战。云计算是分布式计算技术的一种，在未来，终端只有一个通向云端的接口即可，不再需要存在终端的软件，它是一种经济的解决方案。总体来说，不管是大数据、云计算，还是数据密集型科学都强调了数据的重要性，都是科技进步的体现，都是为智慧社会而服务，为人类服务。

2.2 开放科学的兴起

开放获取（Open Access，OA）是国际学术界、出版界、图书情报界为了推动科研成果利用互联网自由传播而采取的行动。目的是促进科学交流，提高科研效率。2001 年 12 月，开放社会研究所在匈牙利布达佩斯召开了国际研讨会，提出开放获取的提案，达到开放取用学术期刊文献的目的。开放获取运动得到很多国家和机构的支持，在国内外迅速发展。开放获取运动是开放科学实践的一部分，开放科学是一个发展的概念，是一种新的科研方式。在开放科学和开放获取运动的背景下，开放数据越来越受到各个国家的重视。2014 年 2 月，欧盟第七研发框架计划资助的项目 FOSTER（Facilitie Open-Science Training for European Research）对开放科学的主题领域进行分类，将其分为开放获取、开放数据、开放的可重复性研究、开放科学概念、开放科学评价、开放科学指南、开放科学政策、开放科学项目和开放科学工具。由此可见，开放数据和开放数据的可重复性研究是开放科学的重要研究内容。开放科学的推动和发展对于科学研究活动具有重要的意义，可以加快科学研究的进程，可以提高科研的透明度，可以为相关研究者提供借鉴和参考，可以提高学者的影响力，保证科研的质量。

以开放科学为契机，高校图书馆开拓了科研数据管理的相关服务。开放数据的保存和管理体现了科学的可重复性和可再生性，一方面有助于推动科学的交叉发展，另一方面对科研人员也有帮助。科研数据管理是开放数据的具体实践，是对科研人员在科学研究过程中产生的数据进行收集、存储、组织的过程，对学科的发展具有重要意义。因此，科研数据管理也是学科化服务的体现。

2.3　“以用户为中心”的服务的转变

高校图书馆是高校师生的信息服务部门，除了不是营利机构外，与企业一样，都服务于自己的用户，以用户的需求为核心，以提高用户满意度为目标。初景利、秦小燕认为“以用户为中心”在图书馆生存和发展中具有重要地位，图书馆发展所围绕的核心就是用户与服务。图书馆以用户为中心的基本准则为用户第一，服务至上。

“以用户为中心”的服务是指从图书馆的角度出发，从用户的需求出发，为用户提供服务。对高校图书馆来说，需要从本校的科研人员和师生角度出发，挖掘他们的需求，为他们提供服务。对高校图书馆来说，向“以用户为中心”的服务转变，一是指顺应社会的环境和发展趋势，为用户提供教学支持和科研支持的创新型服务；二是从具体服务来讲，在推广和服务过程中接近用户，缩小与用户的距离。

2.4　信息技术的冲击

当代社会信息技术发展迅速，出现了各种能够帮助或代替人类进行服务的平台或工具。借助于这些工具，高校图书馆在服务方面有了很大提升和创新。例如，用于图书馆的 RFID 技术、自动借还书、智能机器人、座位管理系统等。信息技术在图书馆的应用不仅仅指硬件技术，也有很多软件供图书馆员使用。例如，各种数据分析工具、数据可视化工具、文献计量工具等。利用这些软件技术可以提高图书馆的服务水平，从而提高用户的满意程度。信息技术是把“双刃剑”，一方面可以为图书馆所利用，另一方面也会给图书馆带来冲击。随着信息技术的发展，人们获取信息资源的渠道越来越多，网络信息资源成为人们获取信息的主要渠道之一。图书馆的纸质藏书访问率越来越低。另外，用户对付费知识的接受度越来越高，用户希望能在网上直接买到自己需要的知识或资源，不再依赖于图书馆中的资源。在互联网上任何用户都可以成为知识的创建者，这使得互联网上的信息良莠不齐，给用户筛选有价值的信息带来了困难。优质内容成为稀缺品，因此涌现出来很多需要付费的在线知识共享平台和在线的学习平台，如知乎 Live、在线培训等。2017 年阿里应用分发开放平台发布了第二季度应用分发行业数据报告，并指出知识付费正处于高速增长中，目前知识付费的用户已达到 5000 万人，总体经济规模将达到 500 亿元，指出目前的主要商业模式为线上直播互动模式。①

信息技术既给图书馆的服务创新带来了冲击，也带来了发展的契机。学科服务可以借助各种信息技术进行自我革新，可以借鉴优秀的服务模式，将其应用到学科服务当中，吸引更多的用户参与或使用高校图书馆的学科服务。

[参考文献]

[1] 大数据 [EB/OL].[2019-07-18]. http://zh.wikipedia.org/wiki/.

[2] 大数据时代的特点 [EB/OL].[2019-07-18]. http://www.5lian.cn/html/2012/xueshu_0417/32237.html.

[3] 周晓英. 数据密集型科学研究范式的兴起与情报学的应对 [J]. 情报资料工作，2012 (2)：5-11.

[4] TANSLEY S, TOLLE K M. The fourth paradigm: data-intensive scientific discovery [M]. Redmond, WA: Microsoft research, 2009.

[5] 开放获取 [EB/OL].[2019-07-12]. https://baike.baidu.com/item/%E5%BC%80%E6%94%BE%E5%AD%98%E5%8F%96/1688963?fromtitle=%E5%BC%80%E6%94%BE%E8%8E%B7%E5%8F%96&fromid=733660&fr=aladdin.

① DONEWS. 阿里应用二季度应用行业报告：知识付费 2017 总规模或达 500 亿 [EB/OL].[2018-10-14]. http://www.donews.com/news/detail/1/2962844.html.

[6] BOAI Forum. Budapest Open Access [EB/OL].[2019-07-12]. https://www.certifiedchinesetranslation.com/openaccess/.
[7] 陈秀娟，张志强. 开放科学的驱动因素、发展优势与障碍 [J]. 图书情报工作，2018，62（6）：77-84.
[8] 初景利，秦小燕. 从“地心说”到“日心说”：从以图书馆为中心到以用户为中心的转型变革 [J]. 图书情报工作，2018，62（13）：5-10.

3　高校图书馆服务的发展

图书馆传统的功能定位为纸质资源的储藏，在信息环境的不断变化下，图书馆仅仅作为纸质资源的储藏者已经不能适应时代的变化，创新变革是高校图书馆在新的环境下必须迈出的一步。近年来，图书馆不断地延伸服务，例如，微信、微博等社交网络平台出现之后，图书馆引入了社交网络平台，方便用户和读者的咨询；移动互联网出现之后，图书馆建立了移动图书馆；数据科学出现之后，图书馆开展数据管理和数据服务等。图书馆在新的信息环境下，被赋予了很多新的职责和功能。从文献研究上看，图书馆需要做的创新服务种类很多；但是在实践上，高校图书馆是否已经开展了这些新的创新服务以及如何开展的？其具备什么样的特点？基于这些问题，笔者调查了国外 iSchool 联盟成员一级会员的 26 所国外高校图书馆，以及国内 39 所“985”高校图书馆所提供的服务，通过调查对比，分析高校图书馆服务的开展情况。

3.1　相关研究及现状

笔者利用 CiteSpace（引文空间分析软件）对 Web of Science 平台中近 10 年关于高校图书馆服务的相关文献进行分析后发现，中介中心性和出现频次都比较高的关键词包括数字图书馆、学术图书馆和高校图书馆。出现频次比较高的关键词包括服务、模型、创新、图书管理员、社交网络、云计算、人工智能、推荐系统、知识提取、女性阅读、个性化服务、虚拟参考服务、智能图书馆、大数据、研究数据、数据挖掘等。从对关键词的分析来看，高频次的关键词比较综合，并没有体现出目前图书馆具体的研究热点，如MOOC（大规模网络开放课程）、创客空间、信息共享空间等，但可以确定数字图书馆、高校图书馆和学术图书馆是国外学者研究图书馆服务时选择的重要研究对象，且研究重点包括图书馆的服务创新、图书馆员的角色定位及其重要性、智能图书馆等。Atkinson认为图书馆信息服务的重点应包括：管理、虚拟学习环境以及数字图书馆资源的整合，机构和国家门户的发展，网站和内部网的发展，版权包括电子版权和知识版权问题，学术交流和开放存档，知识管理，记录管理，机构电子学习计划的参与，文献传递的新发展，互操作性和元数据问题，电子资源的范围、复杂性，电子支持（如电子帮助台、在线信息技能培训）。L. Brindley认为图书馆如果要应对数字化带来的挑战，需要重新塑造和思考其服务，并将21世纪图书馆的核心定义为7个主题：了解用户并贴近用户、重新思考物理空间并创造一个理想的环境、将营销整合到组织中、为传统印刷品开通数字化渠道并数字化、降低传统成本并继续提高传统活动的生产力、加大创新和数字化活动的投入、发展人才并确保其拥有合适的技能组合。M. D. R-Moreno等学者研究了人工智能和无线技术在图书馆的应用以及提高其服务的有效性，方便用户可以轻松定位图书馆的图书和阅览室。在数据密集型科学兴起的背景下，研究数据成为图书馆的重要服务内容和发展方向。C. Tenopir等学者对研究型图书馆的科研数据管理服务进行了研究，认为越来越多的研究型图书馆正在参与科研数据管理。从国外文献研究来看，国外的学者认为图书馆服务创新的方向从传统的服务向数字化、智能化的服务转型，在转型的过程中需要更加强调以用户为中心，注重人才的发展、空间的建设、资源的整合、服务的创新。

笔者利用CiteSpace对CNKI（中国知网）中近5年关于高校图书馆服务的相关文献进行分析，提取出现频次前20的关键词，可以看出近5年研究高校图书馆服务的热点包括MOOC、大数据、新媒体、服务定位、“互联网+”、移动图书馆、知识服务、服务转型、社会化、读者服务、数据挖掘、数字阅读等，可以看出新兴技术以及新的服务理念对高校图书馆服务的影响。2012年在北京大学图书馆建馆110周年庆典之际，在举办的“变革与走向：共同探索图书馆的未来”的国际会议上，该会议围绕6个主题进行了研讨，这6个主题代表了未来高校图书馆的发展方向，它们分别是：战略规划与管理创新，数据管理与数据服务，社会媒体与共享空间，联盟、合作与共享，知识发现与学科服务，用户研究与服务推广。这6个主题包含了近年来社会和用户对高校图书馆的要求和新技术对高校图书馆服务拓展的影响。新技术的发展和用户需求的变化是颠覆图书馆服务发展趋势的重要驱动力，张晓林在《颠覆数字图书馆的大趋势》中指出，可能颠覆当前数字图书馆模式的技术、需求与机制，包括数字学术出版、科学数据、语义化出版等新技术，弱信息需求下模糊探索、战略性阅读下计算分析和研究性合作式学习下动态信息交互等新需求，以及图书馆同质化、业务外包与众包、价值证明压力等运营机制新挑战。涂颖哲分析了2014年美国图书馆新技术应用案例，认为我国的图书馆应成为知识社区的中心枢纽，满足读者需求是图书馆可持续发展的根本动力，充分利用新技术，进行图书馆营销创新。新技术和新理念的应用扩展了图书馆的功能和服务，包括移动图书馆、MOOC、嵌入式服务、共享空间、创客空间、科学数据、知识发现、学科服务等。移动图书馆在2003年左右得到广泛关注和重视，施国洪、夏前龙将国内外移动图书馆的研究分为三类：服务模式研究、对象要素研究和综述评价研究。宋恩梅、袁琳指出，目前国内移动图书馆的研究内容主要集中在现状介绍、服务模式、移动技术应用、系统设计和服务平台构建、实例介绍和分析几个方面。游祎分析了MOOC环境下高校图书馆的服务创新，指出可以从课程支持、信息素养教育、版权许可方面为MOOC提供服务，图书馆应该主动参与，注重协作。熊惠霖采用网络调研和文献调研的方法，对国外高校图书馆嵌入式教学服务现状和具体案例进行了分析，为我国高校图书馆开展嵌入式教学服务提出了建议。在科学数据、学科服务、创客或共享空间等方面，我国学者也取得了很多研究成果，用来指导我国高校图书馆服务的提升和创新。

3.2 研究对象与方法

本章调查的是 iSchool 联盟一级会员的成员，共 27 所大学。其中，1 所中国大学，1 所加拿大大学，1 所芬兰大学，1 所新加坡大学，1 所英国大学，1 所德国大学，1 所丹麦大学，20 所美国大学。去掉 1 所中国大学，本书调查的是国外高校图书馆，共 26 所。选择 iSchool 联盟成员学校作为调查对象，是因为其在图书馆情报领域产生了广泛影响。国内选择的是"985"高校，共 39 所。"985"高校图书馆是国家为了实现现代化、建设具有世界先进水平的一流大学而设立的，在一定程度上代表着我国高校图书馆服务发展的最高水平。

本书采用调查分析和比较研究的方法，通过访问国外 26 所高校图书馆主页和国内 39 所高校图书馆主页，结合相关资料的查阅，分析该图书馆开展服务的情况并对其进行总结。通过比较研究的方法，本书分析国内外高校图书馆服务内容及方式的差异，思考高校图书馆服务创新的特点和方向。

3.3 国内外高校图书馆服务内容的特点

通过对 26 所国外 iSchool 成员中的高校图书馆的服务调查，发现被调查的国外高校图书馆服务的特点如下：

（1）为科研和教学提供支持。通过访问各个高校图书馆的主页，发现国外高校图书馆的主页上除了常用的"资源"和"服务"导航外，还有"科研和教学支持"导航。科研支持的服务内容包括：预约研究帮助、联系学科馆员、学科服务与学科指导、研究指南和教程、研究数据服务、引用影响分析、工具/技术等。教学支持的服务内容包括：课程储备（Course Reserve）、课程指导、信息素养教育、教学研讨会、请求指导、图书馆教学工具包等。其中，课程储备在国内高校图书馆不常见。课程储备是学术图书馆为特定学术课程或其他用途留出的资料，图书馆工作人员通过课程指导的要求，将资料放在课程储备处。储备资料通常比图书馆其他资料借阅的时间短，有限期限结束后恢复正常流通。课程储备在国外高校图书馆中非常普遍，被调查的国外高校图书馆基本上都提供课程储备服务。

（2）注重版权。通过调查，发现国外高校图书馆所提供的服务中基本上都包括版权服务以及数据出版服务，帮助师生了解版权，保护作者权利以及了解开放获取文献的政策。在国外很多资助机构要求作者贡献自己的研究和数据，非常重视开放科学的发展。

（3）空间服务。除了常规的预约座位、预约学习室之外，国外高校图书馆还开展了创造者空间服务、设计实验室等。国内翻译为“创客空间”，目的是让具有计算机、艺术设计、手工制作等共同兴趣爱好的群体通过分享进行社交和协同创作等活动。

（4）设备服务。国外高校图书馆会提供一些设备供师生使用，如出借摄像机、相机、计算机、Ipad、扫描仪等。

（5）分类分层次地进行信息服务。通过调查发现国外高校图书馆偏向于提供分类信息服务，例如，提供科研支持服务分为为学院服务、为博士生服务、为研究生服务、为本科生服务，不同的群体提供的信息服务的类型不同；图书馆会为不同群体提供相应馆藏资源服务，例如，为残疾人服务，为校友服务，为国际学生服务，为合作伙伴服务，为 K-12（美国基础教育的统称，相当于国内幼儿园到高三的群体）群体服务等。

（6）科研数据管理服务。科研数据管理在国外的高校图书馆中比较普遍，主要是由于国外政府的大力支持和相关机构的推动以及资助机构的强制要求。26 所高校图书馆有 25 所开展了科研数据管理服务，涉及的内容包括：数据管理计划（DMP）、数据组织（元数据）、数据存储、数据分析和可视化、数据共享、数据发布、数据政策、培训等。

通过对 39 所国内“985”高校图书馆服务的调查，发现被调查的国内高校图书馆服务内容的特点如下：

（1）提供特色服务。每个高校图书馆都有自己的特色服务。这与本校的特点密切相关，如清华大学图书馆开设的邺架轩、厦门大学的玉堂等。

（2）注重信息资源的整合，建立有自己特色的资源整合平台。如清华大学的水木搜索、东南大学的成贤搜索、中国海洋大学的行之远搜索等。

（3）移动图书馆的建设。2004 年移动图书馆开始崭露头角，经过十几年的建设，大部分的高校图书馆或多或少已经开展了移动图书馆的服务。例如，清华大学是从 2006 年开始移动图书馆的研究，2007 年推出第一个移动服务，目前开展的移动图书馆服务包括短信服务、微信服务、手机网站、客户端应用、智能聊天机器人等。

（4）科研支持。国内的科研支持服务主要表现在科技查新、查收查引、学科服务、数据服务、文献传递和馆际互借等。目前比较创新的服务包括学科服务和数据服务。39 所高校图书馆中明确建立学科服务的有 31 所，服务建设的程度不一。部分高校图书馆只是建立了学科联系人；部分高校的图书馆建立了学科服务平台且已经开展了多个学科的服务指南和资源整合。大数据的出现以及密集型数据科学的兴起使数据的价值重新得到重视，如何对科研数据实现长期保存和有效利用成为研究的焦点。高校图书馆作为文献保存的重要机构，自然成为数据保存的首要承担者。因此，数据服务成为高校图书馆创新变革的一部分。国内高校图书馆开展数据服务的还比较少。其中，北京大学开展了科研数据服务，包括数据搜集、数据分析、数据管理咨询和基于科研数据的分析报告；武汉大学也开展了科研数据管理，且有相关的科研数据管理平台，但目前涉及相关数据集比较少，只提供了 4 家研究机构的 9 个数据集。部分高校图书馆还提供情报分析服务，例如浙江大学图书馆提供情报信息服务，包括学科分析、专利查新、专利分析和信息调研分析等；华中科技大学图书馆提供科技情报服务，包括 SCI 收录、ESI 排名等。

（5）空间服务。吴建中认为目前图书馆已经发展到了第三代图书馆。第三代图书馆的特征是注重人的需求、注重可接近性、注重开放性、注重生态环境、注重资源融合。读者既可以个别阅读，有安静的环境，又可以讨论交流。通过调查，发现国内的高校图书馆在空间建设方面做了很多改进，尽可能地从用户的角度出发，满足用户的需求。在空间建设方面，我国高校图书馆开展了预约座位、预约研讨室、共享空间等相关服务。

（6）培训讲座。培训讲座目前成为高校图书馆的常规服务，培训的内容主要包括文献检索和信息检索技巧以及相关数据库培训，主要面向本科生和研究生。

（7）开展相关知识竞赛活动。部分高校图书馆每年会举办一些与图书馆信息服务相关的知识竞赛，一方面可以宣传图书馆的服务，另一方面可以培养学生的信息素养。例如，武汉大学图书馆举办的3D打印设计大赛、武汉大学文学知识大赛和与文献信息检索相关的知识竞赛等。

3.4　国内外高校图书馆服务内容的差异

整体上看，国内外高校图书馆的服务内容差异不大。除了提供传统服务外，在创新服务方面都有所涉及，只是在开展程度上有所差异。

（1）科研数据管理在国外的高校图书馆开展得比较早，基本上被调查的国外高校图书馆都涉及科研数据管理，且有相对完整的服务内容和服务体系，而在国内，科研数据管理服务还处于发展阶段，只有个别高校图书馆涉及，而且缺乏完善的工具和数据规范支持。例如，国外的科研数据管理有相对成熟的数据管理规划工具DMPTool、DMPonline等，还有数据共享和开放获取的重要工具EZID，用来提供永久唯一的标识符。国外的科研数据管理在馆员配备上引入了数据服务馆员，虽然目前数据馆员的培训和教育还处于初级阶段，但部分高校的信息学院和图书馆专业机构开始开设关于数据科学的专业化教育并授予学位或证书。

（2）学科服务的对比。从学科服务的模式、学科服务的平台到学科馆员的设置方面都存在着差异。国外的学科服务比较细化，会将一个学科分为多个研究主题；一个学科馆员负责一个或多个研究主题，而国内的学科服务是以学院或学科划分的，侧重于对整个学科或学院的指导。国内高校图书馆使用的学科服务平台大多是国外的LibGuides平台，但是也有个别高校图书馆使用国内研发的纬度平台、“Subject+学科知识服务”平台等，呈现多元化特征，也更加符合国内高校图书馆的特点。

（3）教学与科研支持服务的差异。从门户网站的设计上可以看出，国外高校图书馆突出了科研和教学支持服务。从调查结果中可知，大部分的国外高校图书馆会将科研和教学支持单独作为主导航，国内则将其融合到服务导航中。从内容上看，国外的科研支持服务包括研究咨询、研究指导、学术交流、引用管理、数据管理、版权与出版、学科指导、引用指南；教学支持服务包括课程预留服务、课程指导、信息素养教育等。国内很多高校图书馆没有科研支持和教学支持的单独导航，但是也可以将很多服务归类为科研支持和教学支持，如学科服务、教学培训、情报分析等服务都可以归类到科研和教学支持服务中。但是整体上看，国内外的科研和教学支持服务侧重点有差异。与我国有科研支持服务的高校图书馆相比存在着差异性，例如，北京大学的图书馆服务中的科研支持包括课题咨询、科研管理与决策支持、竞争力分析、科研数据服务、学术出版支持服务——投稿咨询服务、知识产权服务；上海交通大学图书馆的科研支持服务包括：服务申请、科技查新、课题/专利申请前文献调研、论文查收查引、课题申报分析、定题服务、课题前沿追踪、专科分析报告、学术信息定制、学科发展态势分析、同行对比与跟踪、科研绩效评估、学术期刊分析与评价、创新交流社区、参考文献规范、特定课程服务、学科资源评估。重庆大学图书馆提供的是科研和教学支持服务，包括学习本外借、电纸书外借、笔记本外借。可以看出，国内高校图书馆对科研支持服务的理解有差异，国内与国外相比也有差异。国外的科研支持注重学科服务、数据管理服务、版权服务、研究的咨询和指导，而国内的科研支持侧重于科技查新、查收查引、情报信息服务、学科评估，尤其“双一流”学科建设和 ESI（基本科学指标数据库）、Incites 数据库的出现，使学科评估成为国内科研支持的重点内容。

（4）版权服务。被调查的 26 所国外高校图书馆中有 13 所高校图书馆的服务都明确涉及版权服务，国内被调查的高校图书馆中有 10 所高校涉及版权，是关于电子资源使用的版权公告和版权声明。相较于国外，国内比较忽视版权服务，被调查的国外高校图书馆的科研支持服务或其他服务中很多都包含版权服务，包括作者出版权益的咨询和指导、作者版权所有权（包括权利和义务）、开放获取的相关政策、版权指导、版权建议等。

（5）教学培训服务。高校图书馆的教学培训任务主要是由学科馆员来完成的。Garrod 认为学科馆员有两个主要的角色：一是联系人角色，需要掌握人际关系的技巧和对现有资源的深入了解；二是教学培训人角色，需要了解学习过程和 IT 的技能。被调查的国内外高校图书馆在教学培训方面都做了很多延伸服务，形式各有特色。国外高校图书馆的教学培训侧重于咨询、预约指导、网络学习及研讨会。国外高校图书馆提供了很多预约咨询的渠道，可以预约图书馆的课程、研讨会，也可以预约学科馆员半个小时或一个小时“一对一、面对面”的服务。国内高校图书馆的教学培训侧重于文检课教学、讲座培训、网络学习。国内高校图书馆开设的文检课针对不同的对象有不同的侧重点，例如，针对本科生主要是信息素养的教育，侧重于信息检索与利用；而针对研究生则侧重于文献检索和调研，用来支持科研工作。提供的讲座培训也非常丰富，包括数据库使用、文献调研方法及相关软件工具的使用技巧等。网络学习的形式也非常多，包括远程学习、网络教程、MOOC 资源以及微视频教程等。北京大学图书馆还开设了“一小时讲座”，深入院系及新生培训等预约培训服务。

（6）服务范围及形式的差异。在调查中发现，国外高校图书馆会分对象分层次地提供服务。相关的资源和服务会根据对象的不同而进行相应的整合。国内高校图书馆的服务按服务类型划分的比较多，按服务对象划分的较少；而国外的高校图书馆会既按服务类型划分整合资源，又按对象的不同划分整合资源。

3.5 对我国高校图书馆服务创新的启示和建议

通过对国内外高校图书馆服务的调查，高校图书馆服务创新的形式主要包括：①新兴技术的引入衍生新的服务形式。例如，RFID 技术在图书馆馆藏资源定位的应用，移动互联网技术的应用促使图书馆推进移动服务的发展。②适应社会、机构和用户需求，产生新的服务内容。例如，为了有效管理科研数据，提高其价值，图书馆探索科研数据管理服务；为了更有效地为学院和教师服务，图书馆发展学科服务等。③对原有服务的拓展和创新。

高校图书馆的服务具有以下几个特点：①受社会信息化进程的影响，高校图书馆的服务在不断地延伸和扩展，传统服务的比重降低，创新服务的比重上升。②“以用户为中心”的服务理念体现得越来越明显，图书馆的服务更加强调用户的地位和用户的参与。③服务呈现交叉性，跨学科协作的特性凸显。受信息化进程的影响，图书馆的服务呈现多样化和交叉性的特点，对图书馆员的知识背景要求也呈现多学科化。目前图书馆的很多服务都不是独立的，例如科研数据管理与版权服务是紧密联系在一起的，与参考咨询也是交叉在一起的。这就要求我们不仅仅要注重跨学科协作，也需要做好图书馆员多学科知识的培训。

基于调查结果，将高校图书馆服务的发展方向总结为：①资源和服务整合与学科服务。动态的信息化使高校图书馆的服务和功能不断地发展和创新，导致资源和服务的范围、种类、形式、对象等发生变化，资源和服务呈现交叉性、重合性的特点。学科服务的出现可以将原有的很多服务整合到学科服务中，例如在调查中一部分高校图书馆开展了情报分析的服务，通过客观的文献计量数据进行学科发展态势分析、科研绩效分析、学术影响力评价、学术热点监测、决策咨询、专利分析等。情报分析服务一定程度上也属于学科服务，可以适当整合；数据服务与学科服务、学科服务与科研支持服务也存在交叉，需要适当整合。②数据管理与数据服务。数据密集型科学和数据科学的兴起，使数据的价值得到重视。在这种背景下，高校图书馆应该积极地响应趋势，承担起数据管理与数据服务的责任，为科研工作者提供相关的数据服务，实现数据的复用和可再生。2013年基础研究出版公司（Primary Research Group）对高校图书馆数据管理与数据服务进行了全球性的调查，发现 63.33%的图书馆会向教师提供数据管理计划的建议。高校图书馆要实现对研究数据的长期保存和管理以及保持持续的服务能力，应制定新的战略，以应对新的挑战和机遇。③提供嵌入式科研和教学支持服务。科研和教学支持成为国外高校图书馆的重要服务内容之一。调查发现，受调查的国外高校图书馆很多将科研与教学支持服务作为独立的服务导航放在首页，并分类别、分层次地为不同用户提供科学和教学支持。嵌入式科研和教学支持服务要求图书馆员作为科研和教学助手嵌入到科研和教学过程中，提供相应服务。这是图书馆主动提供知识服务的重要方式，对提高图书馆的服务能力和地位有重要作用。④数据馆员的培训。C. Tenopir 等学者在对欧洲研究型图书馆的调查中发现，27.7%的图书馆聘用了专门支持研究数据服务的工作人员，14.3%正在计划聘用相关人员，更多的图书馆正在计划重新分配现有的工作人员。培养和引进能够担任数据管理任务的数据馆员是高校图书馆开展数据服务的关键，如何培养数据馆员成为高校图书馆需要考虑的问题。笔者认为目前对我国高校图书馆员来说，培训的途径包括：继续专业化教育，取得相关的数据管理学位；参加经过专业认证的相关数据管理的课程和培训；与国内高校的信息管理学院合作，进行专业系统的数据管理教育。⑤空间服务。调查的国内外高校图书馆基本上都提供相应的空间服务，说明空间服务已经受到高校图书馆的重视，信息共享空间的模式已经为人们所广泛接受。⑥跨区域跨学科协作。资源共享的跨机构跨区域的合作已经成为高校图书馆的共识。而在当今数据科学的时代，跨区域、跨学科的合作显得更加重要。哈佛大学启动了哈佛数据科学计划，该计划将建立在大学之间的合作基础之上，以此来建立一个汇集不同学科、不同学校学者的丰富而连贯的数据科学团体。高校图书馆开展数据服务需要学科多样化、跨区域和跨学科的协作，从而可以保证数据的多样性，联接整个机构或区域的研究工作，促进教学和研究的交叉合作。

对我国高校图书馆服务发展的启示：①保持创新思维，积极应对变化和挑战。从调查中发现，国内高校图书馆需要拓展的服务很多，例如数据管理和数据服务，相对于国外的高校图书馆，国内高校图书馆开展得比较少，且处于起步阶段；学科服务的开展虽然在国内已经初具规模，但还存在着很多问题，如服务的细化程度不够，学科馆员的素质培训有待提高等。②注重版权服务和开放科学的发展。开放科学是指开放科学研究方法的应用，包括科学出版物的开放性——开放获取出版；研究数据的开放性和永久性存储；利用开放源代码和开放标准，开放研究过程。开放性科学支持科研发展，能够提高科学知识的质量，提高研究的可靠性和透明度，增加在研究、教学和学习中使用科学知识和科学研究方法的机会，实现和加强研究人员之间的合作，提高科学对社会的影响。在开放科学发展的背景下以及 MOOC、数据服务的出现，要求我们重视版权服务，为用户提供相关的咨询和指导，保障作者的权利和义务。③遵循“借鉴是基础、创新是核心”的原则，适当借鉴国外高校图书馆服务的内容和模式，结合自己的特点，形成自己的特色。从调查结果来看，国外高校图书馆在科研数据管理、学科服务、人员培训等方面都优于国内，很多服务内容和服务方式值得我们借鉴。

[参考文献]

[1] 张晓林. 重新定位研究图书馆的形态、功能和职责：访问美国研究图书馆纪行 [J]. 图书情报工作，2006，50 (12)：5-10.

[2] PINFIELD S. The changing role of subject librarians in academic libraries [J]. Journal of librarianship and information science，2001，33 (1)：32 -38.

[3] ATKINSON J. Managing change and embedding innovation in academic libraries and information services [J]. New review of academic librarianship，2003，9 (1)：25-41.

[4] BRINDLEY L. Re-defining the library [J]. Library hi tech，2006，24 (4)：484-495.

[5] R-MORENO M D，CASTANO B，BARRERO D F，et al. Efficient serv-

ices management in libraries using AI and wireless techniques [J]. Expert systems with applications, 2014, 41 (17): 7904-7913.

[6] TENOPIR C, SANDUSKY R J, ALLARD S, et al. Research data management services in academic research libraries and perceptions of librarians [J]. Library & information science research, 2014, 36 (2): 84-90.

[7] 张春红，廖三三，巩梅，等. 变革与走向：共同探索图书馆的未来：北京大学图书馆建馆 110 周年国际研讨会暨 PRDLA2012 年年会综述 [J]. 大学图书馆学报，2013 (1): 5-14.

[8] 张晓林. 颠覆数字图书馆的大趋势 [J]. 中国图书馆学报，2011 (5): 4-12.

[9] 涂颖哲. 美国图书馆创新服务及启示：2014 年美国图书馆新技术应用案例解读 [J]. 图书馆学研究，2015 (4): 95-102.

[10] 施国洪，夏前龙. 移动图书馆研究回顾与展望 [J]. 中国图书馆学报，2014 (2): 78-91.

[11] 宋恩梅，袁琳. 移动的书海：国内移动图书馆现状及发展趋势 [J]. 中国图书馆学报，2010 (5): 34-48.

[12] 游祎. "MOOC" 环境下高校图书馆服务创新研究 [J]. 图书馆杂志，2014 (6): 61-65.

[13] 熊惠霖. 国外高校图书馆嵌入式教学服务的实践及启示 [J]. 图书情报工作，2015 (17): 67-72.

[14] ISHOOLS. Directory [EB/OL]. [2017-06-02]. https://ischools.org/Directory.

[15] Course reserve [EB/OL]. [2017-06-02]. https://en.wikipedia.org/wiki/Course_reserve.

[16] 科研支持 [EB/OL]. [2017-04-27]. http://lib.pku.edu.cn/portal/fw/kyzc/shujufuwu.

[17] 高校科学数据共享平台 [EB/OL]. [2017-04-27]. http://sdm.lib.whu.edu.cn/jspui/.

[18] 吴建中. 走向第三代图书馆 [J]. 图书馆杂志，2016 (6)：4-9.

[19] 科研支持 [EB/OL]. [2017-04-27]. http：//lib. pku. edu. cn/portal/cn/fw/kyzc/ketizixun.

[20] 科研支持 [EB/OL]. [2017-04-27]. http：//www. lib. sjtu. edu. cn/index. php? m=content&c=index&a=lists&catid=53.

[21] 教学与科研支持 [EB/OL]. [2017-04-27]. http：//lib. cqu. edu. cn/survey. aspx? pid=67&cid=352&level=1.

[22] 一小时讲座 [EB/OL]. [2017-04-27]. http：//lib. pku. edu. cn/portal/cn/fw/yixiaoshijiangzuo/ziyuanchazhao.

[23] 情报分析研究 [EB/OL]. [2017-06-02]. http：//lib. lzu. edu. cn/qbfx/info-10583. shtml.

[24] 情报信息服务 [EB/OL]. [2017-06-02]. http：//libweb. zju. edu. cn/libweb/redir. php? catalog_ id=157335.

[25] GARY PRICE. Highlights from：international survey of academic library data curationpractices [EB/OL]. [2017-06-02]. http：//www. infodocket. com/2013/07/11/highlights-from-international-survey-of-academic-library-data-curation-practices/.

[26] TENOPIR C，TALJA S，HORSTMANN W，et al. Research data services in european academic research libraries [J]. Liberty quarterly，2017，27 (1)：23-44.

[27] 李志芳. 国外 iSchool 联盟高校图书馆科研数据管理调查 [J]. 图书馆论坛，2017，37 (10)：121-130.

[28] 哈佛北京校友会. 推动跨学科合作，哈佛推出数据科学计划 [EB/OL]. [2017-06-02]. http：//mp. weixin. qq. com/s/Cv100-5-FL6_k-24FeY3kA.

[29] UNIVERSITY of TAMPERE. Open science [EB/OL]. [2017-06-02]. http：//www. uta. fi/en/research/open-science.

4　高校图书馆学科服务的实践

从1998年清华大学建立学科馆员制度以来，学科服务在我国发展了20多年。初景利曾认为学科服务能走多远，图书馆就能走多远，这表明了学科服务对图书馆发展产生重要影响。学科服务虽然已成为我国高校图书馆的常规服务，但在实践中还存在着一些问题，尤其在创新服务方面并没有充分发挥作用。如何探索一条适合我国高校图书馆的改革发展道路，需要充分了解我国学科服务目前的发展脉络和发展状态。从导航设置、学科服务平台、学科服务内容、学科服务团队建设和学科服务实践模式等几个方面出发，全面系统地调查和分析目前国外和我国“985”高校开展学科服务的情况。本书调查的是iSchool联盟一级会员成员中的26所大学，以及国内的39所“985”高校。从排名上看，国外选择的高校在其本国的实力与我国“985”高校的实力相当。以国内“985”高校作为研究对象，是因为作为教育部重点建设院校，其拥有雄厚的资源支持及丰富的发展平台，一定程度上代表了我国高校图书馆学科服务的最高水平。

本书采用文献调研法、网络调查法和内容分析法。通过访问国外26所高校图书馆主页和国内39所高校图书馆主页，结合相关资料的查阅，分析该图书馆开展学科服务的情况并对其进行总结。本书采用比较研究的方法，分析国内外高校图书馆学科服务的特点，并从学科服务所属路径、学科服务模式、服务平台、服务内容及学科馆员等几个方面进行对比分析。

利用网络调查法的主要途径有：一是访问国内外高校的图书馆主页。二是以调查其图书馆的微信公众号发表的公告作为补充；调查各个高校图书馆开展学科服务的基本情况，以及学科馆员的队伍建设情况；通过文献调研法，研读各个高校图书馆学科建设的经验分享的相关文献，以此作为网络调查的辅助手段和内容补充，因为有些高校图书馆在网页上显示的有关学科服务的内容并不完整和充分，而从其学科馆员发表的相关经验分享的文献中可以提取出更有价值的内容。三是向各高校图书馆的学科馆员咨询，获得相关资料。另外，相关标准界定原则为：是否明确有“学科服务”导航的设置及是否开展了相关的学科服务；是否明确建设有“学科服务平台”；是否明确阐述了该图书馆的学科服务制度、学科馆员制度或工作职责。

4.1 相关研究及现状

学科服务起源于20世纪50年代的美国，由美国内布拉斯加大学图书馆首先设立，并配备了学科馆员。K. Humphreys对学科馆员的定义为：学科专家，需要具备某个特定学科领域的一个或多个方面的图书馆技能和参考服务技能。国外的研究重视学科馆员在新环境下的角色转变和定位，特别是图书馆的职责在扩大的同时，对图书馆员尤其是学科馆员提出了新的要求。研究内容包括：①学科馆员的角色转变和定位。Feldman研究了在不断发展的数字环境中学科馆员的角色变化，他认为无论环境如何变化，都应当注意利用和培养学科馆员的才能；Biddiscombe研究了英国学术图书馆学科馆员作用的变化，他认为学科馆员应该作为支持学习的专业人员；Gaston通过文献综述的方法对英国学科馆员的作用发生的变化进行了研究，他认为学科馆员在英国高等教育机构中的作用已经发生明显的变化，特别是出版福利特报告以来，学科馆员正在越来越多地参与课程规划、教学技巧和其他传统上被视为学术人员职责的活动，但是其作为教学角色，在专业知识上仍存在不足。②学科服务平台LibGuides的建设与使用。K. M. Neves利用LibGuides为医学本科生提供图书馆服务，结果表明可以增加学生使用图书馆服务的概率；Ream通过分析Charles R. Drew（查尔斯·德鲁）大学使用LibGuides的情况，对LibGuides进行了评估，认为图书馆主要使用LibGuides来提供在线资源的访问服务，支撑教学的补充材料等。

国内图书馆的学科服务始于1998年，清华大学在国内率先建立了学科馆员制度，学科馆员制度是高校图书馆针对教师层面提高深层次信息服务的一项举措。随之，清华大学发表了一系列关于其图书馆学科服务和学科馆员建设的文献，包括在新的网络环境下学科馆员职责的拓展，例如清华大学学科服务和学科馆员的建设、学科服务的相关实践等。国内对学科服务和学科馆员的研究的重点包括：①国内外学科服务和学科馆员制度对比。邱葵研究了美国高校图书馆的学科馆员与学科服务，介绍美国高校图书馆对学科馆员的要求以及其工作职责和服务内容，并讨论了中国高校图书馆开展嵌入式学科服务需要考虑的因素；周敬治、石秀春从学科馆员素质、管理方式、主要工作职责、服务模式等方面对比研究了国内外高校图书馆学科馆员的差异，并为国内发展完善学科馆员制度提出了相关措施和建议。②学科服务平台建设的分析。周艳玫、王衍喜等通过多个信息服务工具的应用，构建了面向大学生提供嵌入式学科服务的信息服务平台，实现了基础资源服务、资源引导服务和信息服务工具支撑的信息服务功能；何雅琪、齐慧彬等分析了中国人民大学图书馆协作式学科服务平台的建设实践，认为学科馆员主导、用户协作的建设方式能够结合学科馆员图情方面的专长和用户的专业知识，提高指南的实用性、权威性和建设效率；袁晔、郭晶等分析了 LibGuides 学科服务平台的应用实践和优化策略，认为 LibGuides 平台所具有的社区性、兼容性和互动性的特点契合了用户的需求；张洁、黄敏对美国8所大学图书馆的学科服务平台的应用情况进行了调查，探讨了各馆使用 LibGuides 的基本情况。③学科馆员的角色定位。范爱红、D. J. Schmidle 以康奈尔大学图书馆的学科服务为例，研究了当前学科馆员的角色定位和工作内容，包括学术出版与传播、科研数据管理、资源数字化、数字工具开发、资源发现与管理等方面；陈永平分析了学科馆员角色的特性，并对高校图书馆学科馆员的角色定位进行了思考，他认为学科馆员角色定位应具有层次性，其终极定位应该是学科情报教育专家。④学科服务的创新模式研究。陈全松以厦门大学图书馆为例，对嵌入式学科服务的内容、方式和运行机制进行了分析，并提出了相应的对策与建议；刘颖基于嵌入性理论的思考，从社会网络的新角度提出嵌入式学科服务的创新模式；施燕斌、敬丹榕从嵌入式咨询服务、嵌入式教学服务、嵌入式科研服务三个方面对泛在知识环境下图书馆嵌入式学科服务创新模式进行了探讨。

国外的学科服务起步早于中国半个世纪，学科服务工作开展的深度和广度优于国内，但随着国内学科服务的发展，部分高校也形成了自己的特色。国外学科服务的研究强调学科馆员的作用和地位，认为学科馆员是图书馆非常宝贵的资源，在学科服务中与学术人员相辅相成，对教学、科研、课程、数据管理等起支持的作用，因此国外特别重视学科馆员素质的培训和提高。国内的学科服务处在发展初期，研究重点在于对国外学科服务经验的介绍，目前的研究成果包括对国外高校图书馆学科服务的案例分析、国内外馆员制度的对比、团队建设对比等，与已有研究分析的对象、分析的角度及内容都存在着差异，从整体上对国内外学科服务的建设进行了详细的数据收集和数据分析，并从多个维度进行了对比，指出了差距，提出了应对建议，为国内高校图书馆的学科服务建设提供了参考。

在中国知网期刊数据库中，以“学科服务”为关键词，期刊来源为核心期刊、CSSCI 和 CSCD 进行检索，检索时间为 2019 年 4 月 30 日，共检索到 484 篇文献。利用 CitieSpace 进行可视化分析，通过对关键词的共现分析和聚类分析，发现国内对学科服务的研究呈现以下几个特点：①以高校图书馆为主要研究对象。中心度为 0.26，出现频次为 149。高校图书馆是践行学科服务的首要主体，起源于 1950 年。②学科服务团队的研究。中心度为 0.35，出现频次为 117。学科服务团队的研究主要是指对学科馆员的研究。学科服务改革创新的关键就在于培养和提高学科馆员的素养。国外的研究重视学科馆员在新环境下的角色转变和定位，特别是拓展图书馆的职责时，对图书馆员尤其是学科馆员提出了新的要求。而国内在对学科馆员的研究方面也提出了很多对学科馆员培养和其应该具备的素质方面的建议，但从国内的调查来看，实际上学科馆员的培养还缺乏统一的教育体系和教育方法，大多数图书馆的学科馆员都是从图书馆员中选拔的。③嵌入式学科服务研究。中心度为 0. 18，出现频次为 58。这是高校图书馆对学科服务模式的改革创新。④“双一流”背景下学科服务的创新。从时间线的分析来看，每一个类别出现的时间基本上是 2010 年，将“双一流”与学科服务相结合研究是在 2012 年左右。目前依然是研究热点的两个主题是“高校图书馆”和“双一流”。

整体上看，截至目前基本上所有的“985”高校都开展过学科服务，只是各个高校图书馆开展的层次不一。完善的学科服务体系应包括学科馆员制度、工作职责、服务团队建设、学科服务内容的明确规定、学科服务平台。大部分的图书馆只是建设了其中一个或若干个服务部分。学科服务的建设分为三个部分，一是学科服务制度建设，二是学科服务人员建设，三是学科服务平台的建设。学科服务制度建设主要从学科服务制度、学科馆员制度、学科馆员工作职责等方面来衡量。学科服务人员建设主要从学科馆员数量、学科馆员质量、学科服务团队建设等几个方面来衡量。学科馆员制度包括对学科馆员工作职责、工作内容的说明、学科馆员应遵守的相关规定的说明及任职条件说明等。各图书馆学科馆员制度的文件并未在主页上显示，但一般如果规定了学科馆员的工作职责、学科服务内容及相关学科馆员的配备，本书则认为该高校图书馆设立了学科馆员制度。学科服务时间的确定来源有以下几个方面：①图书馆主页在学科服务介绍中有说明具体的建立时间；②图书馆的新闻公告中有说明学科服务建立的时间；③在各高校图书馆学科服务经验分享的相关文献资料中有提到其学科服务建立时间；④从学科服务平台中根据开始发表相关学科新闻或资料推荐的最早时间来确定。具体如表 4-1 所示，表中结果以各高校图书馆主页显示为准。

表 4-1 我国“985”高校学科服务开展情况

学校名称	学科馆员制度	开展年份	时间获取渠道	工作职责	学科馆员数量/人	学科服务团队	学科服务平台
清华大学	√	1998[①]	官网公布	√	55	√	√
北京大学	√	2000[②]左右	文献获取	√	30	√	√

续表

学校名称	学科馆员制度	开展年份	时间获取渠道	工作职责	学科馆员数量/人	学科服务团队	学科服务平台
厦门大学	√	2001[3]	文献获取	√	18	√	√
复旦大学	√	2001[4]	文献获取	√	15	√	√
哈尔滨工业大学	*	2010	博客时间	*	*	*	√
浙江大学	√	2009[5]	文献获取	√	26	√	√
南开大学	√	2002[6]	官网公布	√	24	√	*
西安交通大学	√	2000[7]	文献获取	√	10	√	*
华中科技大学	√	2010	博客时间	√	49	√	√
东南大学	√	*	*	√	42	√	√
武汉大学	√	2000	咨询馆员	√	23	√	√
上海交通大学	√	2007[8]	文献获取	√	39	√	√
山东大学	√	2014	网页发布时间	√	19	√	*
湖南大学	*	*	*	*	5	√	√
中国人民大学	√	2004[9]	文献获取	√	48	√	√
北京理工大学	√	2016	网页发布时间	√	18	√	*
吉林大学	√	*	*	√	11	√	
重庆大学		*	*				√
电子科技大学	√	*	*	√	16	√	*
大连理工大学	*	*	*	*	*	*	*
四川大学	√	*	*	√	11	√	*
中山大学	√	*	*	√	10	√[10]	*
东北大学	√	*	*	√	20	√	√
西北工业大学	√	2007左右[11]	文献获取	√	14	√	*
北京师范大学	√	2003[12]	文献获取	√	16	√	√
同济大学	√	2003[13]	文献获取	√	*	√	√
中南大学	*	*	*	*	*	*	√
中国农业大学	√	2001[14]	官网公布	√	18	√	*
国防科技大学	√	2016	网页发布时间	√	*	√	√

续表

学校名称	学科馆员制度	开展年份	时间获取渠道	工作职责	学科馆员数量/人	学科服务团队	学科服务平台
西北农林科技大学	√	2005⑮	文献获取	√	15	√	√
华东师范大学	√	2014	博客时间	√	37	√	√
中央民族大学	√	2018	微信公告	*	*	*	*

数据获取时间：2019-04-15。* 表示没有检索到具体信息。

注：

①学科服务［EB/OL］.［2019-04-15］. http：//lib. tsinghua. edu. cn/service/sub_ librarian. html.

②艾春艳，刘素清. 学科馆员参与资源建设的探索与创新［J］. 图书情报工作，2013，57（2）：15-18.

③刘文颖，林静，李政. 厦门大学图书馆学科服务改革实践［J］. 农业网络信息，2018（3）：64-67.

④廖剑岚. 复旦大学图书馆学科信息推送服务的实践与思考［J］. 上海高校图书情报工作研究，2012，22（4）：44-46.

⑤陈振英. 融入主流谋发展 拓展合作促繁荣：浙江大学图书馆学科服务创新实践［J］. 图书馆杂志，2011，30（8）：69-72.

⑥学科馆员制度［EB/OL］.［2019-04-15］. http：//www. lib. nankai. edu. cn/libservice/xkgyzd.

⑦魏青山，韦经坤，石蕾，等. 学科博客在高校图书馆学科服务中的应用研究［J］. 图书馆论坛，2011，31（1）：20-21，69.

⑧范玉红. 大学图书馆学科服务创新实践及启示：以上海交通大学图书馆为例［J］. 河北科技图苑，2012，25（5）：25-27，76.

⑨祝小静. LibGuides 学科服务平台建设与维护机制的探讨：基于中国人民大学图书馆实践［J］. 图书馆学研究，2013（22）：90-94.

⑩蔡筱青，黄海. 高校图书馆学科信息推送服务的实践与思考：以中山大学为例［J］. 图书馆论坛，2013，33（3）：80-84.

⑪黄辉，郭永健，刘秋让，等. 高校学科馆员服务的发展模式研究：以西北工业大学图书馆为例［J］. 当代图书馆，2012，111（3）：23，29-31.

⑫于静，刘迎春，李书宁，等. 基于学科特点与用户信息行为分析的学科服务探索与实践：以北京师范大学图书馆 3.0 版学科服务为例［J］. 大学图书馆学报，2017，35（5）：80-85.

⑬邬宁芬，陈欣. 高校图书馆学科服务之“双伙伴”计划的探索与实践［J］. 图书情报工作，2011，55（9）：93-96，113.

⑭学科服务［EB/OL］.［2019-04-15］. http：//www. lib. cau. edu. cn/libinfo. php？ mid=43.

⑮罗红彬，刘淑霞. 西北农林科技大学图书馆学科馆员服务模式探索［J］. 陕西农业科学，2012，58（4）：234-236.

4.2 国内外高校图书馆学科服务的所属路径

所属路径是指学科服务位于其门户网站导航的哪个目录下。通过调查发现，国外高校图书馆的学科服务和学科馆员并不属于同一路径。学科服务多为独立服务或属于“研究支持和研究指导”或属于“帮助”导航下，而“学科馆员”基本上在“帮助”导航下，且可以多路径地找到“学科服务”，如从“学科馆员”目录下可进入“学科服务”，从“帮助”目录下也可进入“学科服务”，从“分类服务”目录下也可以进入“学科服务”。国内的学科服务比较统一，基本上是在“服务”目录下，也有在“科研支持”目录下的，有5所高校属于这种情况。例如，上海交通大学图书馆的学科服务属于科研支持目录，学科馆员属于教学支持目录，与国外的设置比较相似。本书在调查中发现，国外高校图书馆比较注重教学与科研支持服务工作，将学科服务、数据管理服务、信息素养教育等服务都统一到教学与科研支持服务项下，且调查的大部分国外高校图书馆都会将教学和科研支持服务单独作为主导航，也有高校图书馆将学科服务独立显示在主页上，以突出其重要性。这从另一角度反映了高校图书馆服务的发展趋势，科研和教学支持服务将会成为高校图书馆服务的重点内容。

在图书馆服务的导航设置上，基于笔者已有的调查，发现国外高校图书馆在导航设置上体现出以下两个特点，一是国外高校图书馆基本上都有研究支持的导航，一部分与资源和服务一起作为主导航，另一部分是在服务导航下另设研究支持的目录。这说明英美国家的高校图书馆非常重视对研究者的科研支持工作。二是学科服务属于多个目录导航，或属于“研究支持”或属于“帮助”目录下，或为独立导航。我国“985”高校图书馆服务的导航设置基本上还是以资源和服务为主导航，学科服务属于“服务”导航下，且“学科馆员”一般为学科服务的子栏目。从调查的情况来看，我国“985”高校中有一部分高校在新版的图书馆主页上已经开始重新整合图书馆的服务，以更好的形式来呈现其服务，并体现了“科研支持”和“教学支持”服务，如北京大学图书馆、复旦大学图书馆、浙江大学图书馆等。

从学科服务设置的服务目录来看，我国“985”高校中开展学科服务的图书馆，在服务目录设置上，包括学科服务的说明、馆员制度的说明、馆员工作职责的说明、学科服务内容的说明、学科服务平台的介绍和说明、学科馆员的团队建设和联系方式等。在“双一流”建设的背景下，为了响应国家建设“双一流”的政策，被调查的部分高校图书馆在学科服务中融入了“学科分析”，为本校的“双一流”建设提供数据决策支持。高校图书馆开展“学科分析”服务，基本上是基于ESI、InCites和Scival数据库，以及文献计量和数据分析工具进行的，从调查的数据来看，39所“985”高校除中国农业大学在数据库列表中未发现ESI、InCites和Scival数据库外，其他的高校都有ESI数据库。大部分高校也购买了InCties数据库，而购买Scival数据库的高校比较少。这三个数据库是高校图书馆进行学科分析时必备的工具。从开展的学科服务的内容来看，大部分的高校还停留在工具的简单应用和基于ESI数据库对本校学科科研表现的统计分析上。系统深入的学科分析应当与传统的学科服务内容相结合，利用多种数据分析和评价工具及数据库资源，最终形成具有决策支持价值的信息内容。具体情况如表4-2和4-3所示。

表4-2　被调查的国外高校图书馆开展学科服务情况

学校名称	是否开展	所属国家	所属路径	学科馆员设置
加利福尼亚大学伯克利分校	是	美国	HELP → Subject Librarians; Research guides	每一个研究部门或项目对应一名学科馆员，可预约一名学科馆员（30分钟），在线咨询、电话或邮箱联系，共147个部门或项目，51名学科馆员
加利福尼亚大学尔湾分校	是	美国	Services → Research Guides; Subject Librarians	17个大学科、67个子学科、18名学科馆员
加利福尼亚大学洛杉矶分校	是	美国	Research & Teaching Support→Research Help → Contact a Subject Librarian; Support for Instructors→Con-nect with Subject Specialists for Your Course; Re-search Your Guides	每一个部门对应一名学科馆员，共154个部门，可电话和邮箱联系，41名学科馆员

续表

学校名称	是否开展	所属国家	所属路径	学科馆员设置
卡内基梅隆大学	是	美国	Research Support → Find a Subject Expert, Research Guides	20 名学科馆员，每名馆员负责若干个学科
哥本哈根大学	是	丹麦	Subject Guides	可以预约信息专家，每个信息专家负责若干个学科服务平台，40 名信息专家
德雷克塞尔大学	是	美国	Research Support→Librarians by Subject, Library Guides	14 名学科馆员，可电话、邮箱联系。每名学科馆员负责若干个学科
佛罗里达州立大学	是	美国	Research Guides; Faculty & Staff→Subject Librarians	68 个学科，每个学科包含若干个研究主题。每个学科服务平台涉及的内容有差异，涉及的内容包括文献、书籍、图像、网络资源、专业机构、引用管理、数据资源、研究方法等。29 名学科馆员
佐治亚理工学院	是	美国	Services→Reference & Research→Research Guides; Subject Librarians	共 45 个相关学科、20 名学科馆员，可电话和邮箱联系
柏林洪堡大学	是	德国		
伊利诺伊大学	是	美国	Help & Services→Get Subject Expert Help, Library Guides	219 个学科领域、70 名学科馆员，可电话和邮箱联系
印第安纳大学	是	美国	Services → Research Assistance→Subject Guides	35 名学科馆员
肯塔基大学	是	美国	Research & Collections→Research Guides; Services→Research Help & Services → Subject Specialist	62 个学科、27 名学科专家
马里兰大学	是	美国	Find & Cite→Researcg Guides; Help→Meet Your Subject Specialist	110 个学科，包含若干个研究方向的学科服务平台，LibGuides 涉及的内容包括相关数据库、数据库使用帮助、引用管理、科学写作、电子期刊、相关资源、课程资源、研究数据等。每个学科的服务平台内容有差异。46 名学科馆员

续表

学校名称	是否开展	所属国家	所属路径	学科馆员设置
密歇根大学	是	美国	Research Guides; Services → Services for Faculty & Staff → Contact a Subject Specialist	57 名学科馆员。学科平台包含 13 类学科，每类又包含若干个研究方向，内容涉及数据库、杂志、书籍、网络资源、专业组织、标准、新闻、数据等。每个学科涉及的内容有差异。平台为 LibApps
北卡罗来纳大学		美国	Get Help→Ask Us→Contact a Subject Specialist	没有发现相关的学科服务平台
北得克萨斯州大学	是	美国	Help→Subject Guides, Subject Librarians	39 个学院、23 名学科馆员、304 个研究方向，内容涉及期刊、书籍、写作资源、信息素养指导、评价资源、研究过程图书馆资源等。学科服务平台为 LibApps
宾夕法尼亚州立大学	是	美国	Research→Subject Guides	每个学科服务平台会有相关的学科馆员，1 名或多名，共 76 名学科馆员
新泽西州立大学	是	美国	Get help→Guides & Tutori-als→Research Guides; Services & Tools→Research Assistance→Contact a Subject Librarian	64 名学科馆员、108 个研究方向
匹兹堡大学	是	美国	Help & Guides → Course & Subject Guides; Contact a Subject Specialist	78 个学科、34 名学科专家（Subject Specialists）
谢菲尔德大学	是	英国	Research→Information for Researchers→Finding Information and Research→Subject Specific Support	48 个学科、8 名学科馆员
新加坡管理大学	是	新加坡	Service→Faculty; Research→Research Guides	Libguides 的平台，10 个学科。涉及的内容包括数据、报告、新闻、相关资源等；12 名学科馆员

续表

学校名称	是否开展	所属国家	所属路径	学科馆员设置
雪城大学	是	美国	Find→Subject Guides；Help→Subject Librarians	学科服务平台为 LibApps，54 个学科，每个学科分若干个研究方向，涉及的内容包括文献、参考资料、专业网站、杂志等。17 名学科馆员对应 91 个学科方向
坦佩雷大学	是	芬兰	Guides→Subject Guides	可以预约馆员或咨询馆员。每一个学科服务平台有相应的联系的学科馆员。共 7 名学科馆员，对应多个学科
得克萨斯大学奥斯汀分校	是	美国	Research Tools→Guides→By Subject；For Faculty/Staff→Find Your Subject Librarian	47 名学科馆员
多伦多大学	是	加拿大	Research→Tools→Research guides→Guides by Subject；Services→Faculty→Faculty Liaison Librarians	108 个学科、84 名学科馆员，一名学科馆员对应一个或多个研究项目或学科
华盛顿大学	是	美国	Research Guides→By Subject；Class & Other Campus Guides→Subject Librarians	主校区：181 个研究方向、75 名学科馆员；语言类：13 种语言、9 名学科馆员；健康科学：100 个研究主题、16 名学科馆员

数据获取时间：2017-04-15。

表 4-3　国内“985”高校图书馆开展学科服务情况

学校名称	是否开展	所属路径	服务内容目录
清华大学	是	服务→学科服务；学科资源导航；重点学科网络资源导航	学科馆员制度、学科馆员工作职责、教师顾问工作职责、教师顾问与学科馆员名单、学生顾问名单、馆员名单、最新动态
北京大学	是	研究支持→学科服务	学科馆员、学科信息门户、学科前沿追踪、学科课题咨询，学术规范与投稿指南
厦门大学	是	服务→学科服务	学科馆员工作室、工作职责，学科馆员列表

续表

学校名称	是否开展	所属路径	服务内容目录
南京大学	是	Subject+学科知识服务	“Subject+学科知识服务”平台简介、南京大学“Subject+全球能源科学信息”平台
复旦大学	是	服务→学科服务；研究支持→学科服务；教学支持→学科馆员	
哈尔滨工业大学	是	服务→学科服务；服务→学科博客	SCI咨询服务、EI咨询服务、中外文核心期刊
浙江大学	是	学科服务	核心导航期刊、SCI本校动态、学科资源导航
南开大学	是	咨询服务→学科馆员咨询；图书馆服务→学科服务	学科馆员制度、学科馆员的主要职责、学科服务团队
西安交通大学	是	服务→学科馆员/学科信息服务	学科馆员制度、学科馆员工作职责、学科馆员联系方式
华中科技大学	是	服务→学科服务	学科服务介绍、学科馆员、学科网站
东南大学	是	服务指南→学科服务	学科服务馆员、学科服务平台
武汉大学	是	服务→学科服务	学科服务简介、学科服务平台、学科知识服务、信息素养教育、资源荐购、科研数据管理
上海交通大学	是	服务→科研支持→学科博客；服务→学科馆员	各学科博客的地址， 学科馆员服务内容、学科服务团队
山东大学	是	快速通道→学科服务	学科服务概述、学科馆员
湖南大学	是	读者服务→学科服务	学科馆员介绍、学科服务网站、资源推荐
中国人民大学	是	服务→学科服务	学科馆员、工作职责、学科服务平台、ESI学科动态、高被引论文
北京理工大学	是	服务→科研服务→学科服务	学科馆员制度、学科馆员工作职责
吉林大学	是	服务→学科服务	学科服务工作内容、联系方式
重庆大学	是	学院数字图书馆	
电子科技大学	是	服务→科研服务→学科服务	科研信息能力培训、学科服务团队
大连理工大学	是	学科服务	科技查新、知识产权（专利分析）

续表

学校名称	是否开展	所属路径	服务内容目录
四川大学	是	知识服务→学院馆员、服务大厅→学科服务	学科馆员分组及联系方式、讲座预约、学科馆员、知识服务速报、ESI高水平论文
中山大学	是	服务→学科服务	图书馆学科服务、服务内容、为科学研究提供助力、专场培训、单独咨询、学科馆员列表
东北大学	是	服务推荐→学科服务	学科馆员职责、学科馆员名单、学科服务平台、学科导航
西北工业大学	是	研究支持→学科服务	学科服务平台、学科馆员联系方式
北京师范大学	是	服务→科研服务→学科服务	学科服务平台
同济大学	是	服务与指南→学科与知识产权服务；资源→学科信息服务平台	新闻通告、学科馆员团队、“双伙伴”计划、学科服务体系、知识信息服务、文献资源保障、信息素养教育
中南大学	是	信息服务→学科服务	学科服务平台
中国农业大学	是	科研服务→学科服务（学科馆员）	学科馆员联系表
国防科技大学	是	快捷通道→学科服务；信息服务→学科服务平台	平台介绍、平台优势
西北农林科技大学	是	服务→学科服务	学科服务内容、服务部门
华东师范大学	是	服务指南→学科服务	学科服务简介、学科服务范围、学科服务团队及人员名单
中央民族大学	是	微信公众号上有“学科服务”的相关公告	初步建立学科馆员制度

数据获取时间：2019-04-15。

我国被研究的39所高校中，有3所高校的图书馆主页打不开，分别是华东师范大学图书馆、中央民族大学图书馆和东北大学图书馆。2017年3月，笔者曾做过一次调查，其中2所都开展了学科服务，中央民族大学图书馆在主页上还没有开展学科服务，但在这次的调查中，通过其官方微信的公告“图书馆进院系开展对口服务”中可了解到为了支持“双一流”建设，对馆员进行了一系列专业培训，初步推动学科馆员制度的建立，强化馆员的学科服务意识。

根据网络调查的结果，发现我国36所“985”高校（不包含主页打不开的3所）在主页明确开展学科服务的高校有29所，其他7所高校图书馆分别是中国科学技术大学图书馆、天津大学图书馆、中国海洋大学图书馆、重庆大学图书馆、华南理工大学图书馆、兰州大学图书馆、北京航空航天大学图书馆。通过文献调研发现，中国海洋大学图书馆在2007年曾设立了学科馆员，并规定了学科馆员的岗位职责。2014年重庆大学图书馆重新构建了面向学部的学科服务机制，设立了全面馆员制度，由馆长及分管部门的副馆长组成学科服务领导小组，学科服务的主要内容包括信息素质教育、资源建设、科研支撑、学术评价和学者库建设，从其主页上看，重庆大学虽没在主页上明确显示学科服务，但其主页上建立了“学院数字图书馆”。该平台的建设和提供的与学科相关的资源属于学科服务建设的一部分。中国科学技术大学图书馆书目检索系统中有一个学科导航，为不同学科推荐不同的书目，且有文献资料曾指出其曾设立过学科馆员制度；天津大学图书馆在旧版的网页上曾设立了学科联络服务项目，但新版的主页已没有相关的学科服务介绍。其他3所高校未找到相关文献资料的支撑。因此，若以目前的检索为准，我国39所“985”高校图书馆中明确开展学科服务的有33所。

4.3 国内外高校图书馆学科服务模式

国内外的学科服务模式都是以学院或专业为单位，考虑学科馆员的学科背景和专业知识，以一对一、一对多或多对多的模式提供学科服务，但是国外的学科服务更加细分，细分至每个学科的具体研究主题，学科服务内容更多，不仅包括学科主题指导而且包括课程指导。国外的具体学科服务模式为一个学科专家服务于多个学科主题。每一个学科包含多个学科主题，每一个学科主题建立一个学科服务平台。而国内的学科服务和学科馆员在同一导航下，会详细说明学科馆员的职责和服务内容。其服务的模式为一名学科馆员服务于一个学院或多个学院，一名学科馆员服务于一个学科或多个学科，一名学科馆员服务于一名或多名学科组，一个学院对应一个或多个学科馆员，这与学科馆员的专业背景有关。即国内学科服务的机制是：组建学科服务组，以学院为单位划分学科服务组，或者以学科为单位划分学科服务组，这与国外服务学科具体研究主题不同。我国高校图书馆的学科服务实施路径呈现以下几个层次：一是学科数据库，如 CALIS。二是“管理体系+学科服务平台”，即建立了良好的学科馆员制度及团队建设，并有相关的知识服务平台进行资源和服务推广，为用户提供一个服务的接口。目前，学科馆员的服务方式一般是学科联系人的模式，即根据学科馆员的专业背景划分，服务于相应的学院，一名馆员服务于一个学院或多个学院。为了提高服务的质量和水平，有些高校图书馆经过实践，对这种模式进行了改进，实行“学科馆员+教师顾问+学生馆员”的模式，既打通了各个单位的信息联系通道，又提高了学科服务能力，如清华大学图书馆、中国农业大学图书馆等。三是“学科服务融合+社会化媒体”。从调查的数据来看，在“双一流”建设和开放科学的背景下，我国的高校图书馆一直在拓展新的服务类型，如学科分析和科研数据管理。可以看到，国内很多高校将学科分析融合到了学科服务中。在国外，很多高校以学科服务的形式开展科研数据管理工作，如将科研数据管理的相关服务指导在 LibGuides 平台中展示。从被调查高校图书馆的馆员发表的相关文献来看，很多高校图书馆也一直在探索学科服务如何助力“双一流”建设。目前，一些高校图书馆将学科分析与学科服务相融合，由学科馆员开展学科分析服务工作，但还处于探索阶段，只是简单地融合；也有一些高校将学科分析作为新增的服务类型。另外，学科服务也是一种服务，因此可以利用一些营销手段，将被动服务变主动服务，提高用户的黏性，让更多的用户感受到图书馆服务的价值。例如，应用网络社群的理论和新兴的社交媒体工具来提高学科服务的主动性和活跃性。笔者所在单位的图书馆进行了初步的尝试，利用 QQ 为用户提供学科服务，拓展图书馆服务，提供图书馆资源，从教师用户的反应可知，他们很喜欢这种即时、直接的学科服务模式。从营销学的理念来看，用户和服务提供者之间的距离越短越好，而新的社交媒体工具的应用可以有效地缩短两者的距离。

4.4 国内外高校图书馆学科服务平台

iSchool 的 26 个高校图书馆中的 23 个所使用的学科服务平台为 LibGuides，该学科服务平台在美国使用的比较普遍。英国的谢菲尔德大学图书馆未使用 LibGuides 平台，德国的柏林洪堡大学图书馆及美国的北卡罗来纳大学图书馆未发现其建立的学科服务平台。截至 2018 年底，LibGuides 是国际上最为广泛使用的图书馆学科服务平台，全球有 5700 所图书馆，覆盖 80 个国家在使用 LibGuides 平台。国外 iSchool 联盟高校图书馆的具体使用情况如表 4-4 所示。国外 iSchool 联盟中的高校图书馆使用的学科服务平台基本上都是 LibGuides 平台，学科馆员自主建设和维护与学科相关的资源，涉及的学科都在 10 个学科以上，具体的研究主题指导大概有上百个。学科服务平台涉及的内容包括与学科相关的图书馆资源、网络资源、主要的数据库资源、研究工具、实践资源、引用分析、引用管理工具等。每个研究指导的服务平台涉及的内容不一样，这是由学科本身决定的，都是与学科相关的资源指导、研究指导、工具指导等。

表 4-4　国外 iSchool 高校图书馆学科服务平台建设情况

学校名称	所属国家	学科服务平台建设情况
加利福尼亚大学伯克利分校	美国	LibGuides 平台，涉及 92 个学科主题、222 个课程指导。学科服务平台内容涉及基本资源、新书、文献、捐赠、开放获取、引用工具、引用资源等
加利福尼亚大学尔湾分校	美国	LibGuides 平台，15 个学科，每个学科包括若干个研究主题，内容包括书籍、统计与数据、政府资源和 RSS Feeds、研究资助和资金来源、演示工具和指南、媒体资源中心、写作资源等
加利福尼亚大学洛杉矶分校	美国	LibGuides 平台，35 个学科，每个学科包含若干个主题，涉及文章、图书、手稿、档案和图像资料、图书馆以外的资源、如何引用、搜索技术等内容

续表

学校名称	所属国家	学科服务平台建设情况
卡内基梅隆大学	美国	LibGuides 平台，44 个学科，每个学科包含若干个研究主题，涉及查找文献、书籍、杂志、协会中心、网络资源、查找信息的一般指导、网络安全等内容
哥本哈根大学	丹麦	LibGuides 平台，47 个学科，提供各类学科的相关资源、工具、数据库等。服务平台的内容包括书籍、数据库、杂志、链接等
德雷克塞尔大学	美国	LibGuides 平台，14 个学院，59 个学科，每个学科包含若干个研究方向的指导。涉及推荐的数据库、学术和专业组织、网站、推荐电子期刊、研究方法、评估和评估来源等内容
佛罗里达州立大学	美国	LibGuides 平台，68 个学科，每个学科包含若干个研究主题。每个学科服务平台涉及的内容有差异，包括文献、书籍、图像 、网络资源、专业机构、引用管理、数据资源、研究方法等
佐治亚理工学院	美国	LibGuides 平台，41 个学科，每个学科包含若干个研究方向，涉及书籍、图片、杂志、查找技术报告和政府文件等内容
柏林洪堡大学	德国	并未找到相关的学科馆员制度或学科服务平台，但是在其图书馆设有 FID（专业信息服务），有关社会和文化人类学信息的收集以及专业信息服务的教育研究
伊利诺伊大学	美国	LibGuides 平台，内容包括查找书籍、杂志文献、政府数据和组织、研究项目、相关评价、杂志影响因子、引用分析、引用管理工具等
印第安纳大学	美国	LibGuides 平台，32 个学科，每个学科包含若干个子学科的学科服务平台。内容包括指南、问题、文献、检索指示、资源利用、引用资源等
肯塔基大学	美国	LibGuides 平台，内容包括数据库、电子书、课程指导、相关政府机构站点、统计、指导讲义、相关资源网站等
马里兰大学	美国	LibGuides 平台，110 个学科，包含若干个研究方向的学科服务平台，涉及相关数据库、数据库使用帮助、引用管理、科学写作、电子期刊、相关资源、课程资源、研究数据等内容
密歇根大学	美国	学科服务平台包含 13 类学科，每类又包含若干个研究方向，内容涉及数据库、杂志、书籍、网络资源、标准、新闻、数据等
北卡罗来纳大学	美国	15 个学科，22 名学科馆员。收集相关信息和研究支持相关学科，没有发现相关的学科服务平台
北得克萨斯州大学	美国	LibGuides 平台，39 个学院，23 名学科馆员。304 个研究方向，内容涉及杂志期刊、书籍、写作资源、信息素养指导、评价资源、研究过程图书馆资源等
宾夕法尼亚州立大学	美国	LibGuides 平台，12 个学科分类，300 个研究方向。内容包括文献和数据库、相关资源、写作资源、相关链接、作者资源等

续表

学校名称	所属国家	学科服务平台建设情况
新泽西州立大学	美国	LibGuides 平台，82 个学科，每个学科包括若干个研究方向。内容包括相关资源、电子期刊、数据库、网络资源等
匹兹堡大学	美国	LibGuides 平台，内容涉及数据库、博客、指南、课程等
谢菲尔德大学	英国	学科服务平台的内容包括主要资源、学习资源、主要的数据库、主要的图书馆资源、主要的网站、主要的参考和数据资源、信息素养、新闻
新加坡管理大学	新加坡	LibGuides 平台，10 个学科，内容包括数据、报告、新闻、相关资源等
雪城大学	美国	LibGuides 平台，54 个学科，每个学科分为若干个研究方向，内容包括文献、参考资料、专业网站、杂志等
坦佩雷大学	芬兰	LibGuides 平台，11 个学科服务平台，内容包括书籍、期刊、文章和数据库、参考资料以及其他资源等
得克萨斯大学奥斯汀分校	美国	LibGuides 平台，125 个学科，每一个学科有其学科网站，并指定一名学科专家。学科网站的内容包括该学科相关的学术期刊和研究论文、新闻和杂志文章、相关数据参考资料等
多伦多大学	加拿大	LibGuides 平台，110 个学科指导，每个学科包含若干个研究主题的指导。涉及文献、书籍、引用、新闻、帮助等内容。每个学科指导内容不一样，跟学科有关
华盛顿大学	美国	LibGuides 平台，57 个学科，每个学科包括若干个研究主题，涉及文献和杂志、书籍和影像、统计、社区资源、政策资源、实践资源、研究工具、网络资源、相关链接指导等内容

数据获取时间：2017-03-28。

从调查的结果来看，虽然 26 所高校基本上都开展了学科服务，但并不是都设立了学科服务平台，只有差不多一半的高校设立了学科服务平台（不包含打不开的或者学科服务平台为空的高校）。主要包含五种类型：①LibGuides。它是 Springshare 公司的产品，用于图书馆的 Web 发布和内容管理。全球有 4260 家机构，覆盖 41 个国家，都在使用 LibGuides 平台。对各高校图书馆的主页进行调查，可以发现部分高校主页更新后不再有 LibGuides 平台，但还有一部分高校有 LibGuides 学科服务平台，但很多已不再更新，基本闲置。LibGuides 平台在我国的使用效果并不是很好。②“学科服务+社会化媒体工具”。一个是学科博客。学科博客和微信是常见的社会化媒体工具，学科博客出现得比较早，微信学科服务出现得较晚。例如，华中科技大学的学科服务平台是 LibGuides 平台和学科博客，学科博客的主要功能是提供学科信息或资源的推广。但是从其博文更新的时间上看，很多已经停止更新，实际的使用效果和可持续发展效果并不好。另一个是将学科服务与微信融合，以厦门大学图书馆为例，厦门大学图书馆推出“微信+学科主页”的服务模式，目的是以微信公众号为纽带，最终把学科馆员、用户和知识资源联系起来。③自建平台。即利用网页设计技术或借助开源系统软件进行二次开发建立的信息门户网站。例如，哈尔滨工业大学图书馆 2010 年开发的哈工大学科博客；同济大学图书馆建立的建筑信息门户网站，依托的是 EmpireCMS，属于开源的内容管理系统。④依托于运营商的专业第三方学科服务平台。国内比较常见的第三方学科服务平台包括纬度学科服务平台、江苏宝和数据股份有限公司的“Subject+学科知识服务”平台以及维普图书馆学科服务平台。从调查的数据来看，各个学科服务平台都有其客户。⑤综合性的学科资源导航库，如 CALIS 重点学科网络导航门户。具体如表 4-5 所示。

表 4-5 国内“985”高校图书馆的学科服务平台建设情况

学校名称	平台	学校名称	平台
清华大学	LibGuides	上海交通大学	LibGuides
北京大学	“维普学科服务平台+自建学科信息门户”	湖南大学	纬度
厦门大学	“微信+学科主页”	中国人民大学	LibGuides
南京大学	“Subject + 学科知识服务”平台	重庆大学	学院的数字图书馆
复旦大学	自建学科服务网站	东北大学	LibGuides 和 CALIS 重点学科导航
哈尔滨工业大学	学科博客	北京师范大学	自建学科服务平台
浙江大学	LibGuides	同济大学	“LibGuides 平台+自建平台”
南开大学	重点学科导航	中南大学	维度
华中科技大学	图书馆学科服务平台和 LibGuides	国防科技大学	“Subject+”

续表

学校名称	平台	学校名称	平台
东南大学	LibGuides	华东师范大学	学科博客
武汉大学	LibGuides 和纬度	—	—

数据获取时间：2019-04-15。

国内使用 LibGuides 平台的高校图书馆，其学科服务平台涉及的内容包括数据库、相关资源、学术动态、热点追踪、科研导航、学科教育等，每个学科涉及的内容不一样，与学科的特性有关，也与学科馆员有关。国内开发的学科服务平台的模块都是固定的，且图书馆会委托这些机构帮助其建设学科服务平台。每个学科服务平台涉及的内容类别都一样。纬度学科服务平台的模块包括学术动态、会议预告、项目基金、学科分析、学科期刊、视频课件、免费资源、学术成果、专家学者、学科机构。“Subject+学科知识服务”平台的模块包括学科新闻、学科文献、学科课件、学科会议、学科人物、学科机构、学科专利。维普的学科服务平台的功能模块包括资源管理功能、资源收割筛选、学科资源推送、学科定题服务、学科参考咨询、个人作品仓储、短信/邮件服务、问卷调查服务、站内消息服务、系统设置功能、用户管理功能、统计管理功能。

与国外相比，国内外高校图书馆在建设学科服务平台方面具有以下几个异同点：①从学科建设的规模来看，国外的学科指导数量比较多，基本上每个学科都建立了学科服务平台，并且每个学科会包含若干个研究主题的学科指导，如北得克萨斯州大学图书馆和宾夕法尼亚州立大学图书馆的学科指导多达 300 多个。国内高校的学科服务平台基本上是几个到十几个。②国内学科服务平台开发多样化。国外高校图书馆使用的平台比较单一，基本上是 LibGuides 平台；而国内学科服务发展较晚，部分高校引入了国外的 LibGuides 平台，但同时国内也开发了自己的多个学科服务平台，更适合国内高校和学科的特点。③国外高校图书馆学科服务平台的内容指南跟国内的相似，涉及的内容大都是该学科的相关资源整合和推荐，涉及的内容包括数据库、期刊、机构、文献、会议、网络资源、课件、专家学者等。

4.5　国内外高校图书馆学科服务内容

调查发现国外高校图书馆在其主页明确规定服务内容的不多，其中7所高校图书馆对其学科服务的内容有比较详细的说明。例如，加利福尼亚大学伯克利分校图书馆列出了该校学科馆员可提供的服务，包括：提供有关图书馆政策和程序的信息；提供专业参考咨询；教授课程帮助用户利用图书馆资源；购买图书资料。多伦多大学图书馆规定学科馆员提供的服务包括：为教师提供研究咨询；相关课程教学；图书馆资源页的定制课程；课程和项目的定制研究指南；收集要求和建议；关于图书馆和信息技术服务的问题和建议。笔者通过其提供的具体服务将其学科服务的主要内容总结为：①教学和科研支持。为学院提供图书馆的相关资源和服务，并选择相关的资料支持教师和学生目前的课程，为学生和教师提供定制的教学和研究帮助；②宣传推广图书馆的资源和服务，并购买图书馆资料。为教师和学生提供图书馆的政策和程序的信息以及关于图书馆资源和服务的相关信息，收集学院要求发展图书馆的馆藏，并审查学院的采购申请以指导其在各自学科内建立收藏。③资源整合。学科馆员需要负责其学科门户网站和学科的信息服务平台的信息管理和维护，提供其负责学科的相关资源推荐和整合。④教授学生信息素养技能和研究工具的使用。⑤提供专门的参考咨询。可以预约一名学科馆员，在线咨询、电话或邮箱联系。

国内“985”高校的图书馆很多都在其学科服务网站页面上明确了服务内容，范围大小不一，但整体上内容重合的较多，比较统一。笔者将其概括为以下几个方面：①院系联系。一般分配学科馆员与对口学院建立联系，并在学院选拔图情教授或教师顾问，与学科馆员一起开展学科服务。②资源建设。资源建设指通过学科服务为学院提供资源保障，同时通过学院资源需求分析，为图书馆购买资源，形成更好资源建设框架提供参考。通过内容分析可知，该服务包括深入了解对口学院科研动态；征求资源的需求建议；根据师生需求进行资源的订购；编写、更新相关参考资料；试用评价搜集相关的学科文献资源。③资源推广。通过多种渠道（活动、培训、宣传等）推广图书馆的资源与服务。目前，很多高校的图书馆并不受重视，往往被认为是一个与学校发展联系不紧密的单位，这与图书馆的服务宣传不到位有着很大的联系。如何将图书馆服务做成高质量的品牌，并有效地推广出去，对图书馆服务的开展有着重要意义。④情报分析服务。从调查的数据来看，并不是所有的高校图书馆都开展了情报分析服务，只有几个高校图书馆在网站上明确开展了情报分析服务。情报分析服务指高校图书馆组织学习馆员利用情报分析方法和工具，挖掘有价值的信息和情报，为管理层、企业或高校学科发展提供决策支持，包括专利分析、学科态势分析、竞争力分析、企业竞争情报分析等。尤其是在“双一流”建设的政策背景下，高校图书馆购买了相关的学科分析数据库，开展学科态势和竞争力的分析服务。⑤信息素养培训。指高校图书馆为提高师生的信息素养水平而提供的培训讲座，分为两种形式：一种是为图书馆提供的常规培训；一种是为院系预约培训，这种是有针对性的培训。培训内容包括图书馆资源使用、信息检索技巧、学科专业数据库、文献管理软件、论文写作等与学术素养相关的各种培训讲座。⑥嵌入式教学服务。这类服务是学科服务的深层次和新形式的服务，很多高校并没有开展。这种服务方式可以建立图书馆服务与学院的紧密联系，也会使图书馆的作用更好地被院系所了解。

从服务内容来看，国内外高校图书馆学科服务的内容基本上是一致的，但侧重点不一样。国外的学科服务更加强调对科研和教学的支持，国内更注重资源服务，且在国家强调“双一流”建设的背景下，国内侧重于学科评估和分析。整体上国内外学科服务涉及的主要内容包括资源建设、资源推荐、参考咨询、培训指导、宣传推广、教学科研支持等方面。国内很多高校图书馆将科技查新、查收查引等服务也列入了学科服务的行列，而且国内学科馆员的服务很多还停留在参考咨询的层面，即设置了学科馆员制度，但只是列出了该学科馆员负责的相关院系，并没有相应的学科服务平台支撑。具体的服务内容如表 4-6 和 4-7 所示。

表 4-6 调查的国外高校图书馆的学科服务内容

学校名称	所属国家	服务内容
加利福尼亚大学伯克利分校	美国	提供图书馆政策等信息；提供专门的参考咨询；通过课程教学或个人指导如何最大限度地利用图书馆资源进行研究；购买图书馆资料，如图书、期刊和数据集。LibApps 的内容包括基本资源、新书、文献、捐赠、开放获取、引用工具、引用资源等
加利福尼亚大学尔湾分校	美国	提供了每个学科的相关资源，如常用的数据库、网络资源或其他相关资源；查找相关的文献、书籍、参考资源等；每个学科都提供了相关的资源。15 个服务平台，每个学科包括若干个研究方向，涉及书籍、统计与数据、政府资源和 RSS Feeds、书目软件、图片、研究资助和资金来源、演示工具和指南、媒体资源中心、相关资源、写作资源等内容。每一个学科服务平台涉及的内容均有差异
加利福尼亚大学洛杉矶分校	美国	帮助学生、老师和工作人员访问信息资源并更有效地使用它们，帮助他们制定检索策略定位所需的特定资源；提供课堂教学或课程指南；负责开发图书馆馆藏资源；如果涉及多名学科馆员，可以发送邮件请求。LibApps 35 个学科服务平台，每个学科包含若干个主题，涉及文章、图书、手稿、档案和图像资料、图书馆以外的资源等内容
卡内基梅隆大学	美国	为工作人员、教师和学生提供个人咨询，并作为学术部门和项目的联络人。LibGuides 平台，44 个学科，每个学科包含若干个研究主题，涉及查找文献、书籍、主要的杂志、协会中心、网络资源、查找信息的一般指导、网络安全等内容，每个学科不一样
哥本哈根大学	丹麦	提供各类学科的相关资源、工具、数据库等。服务平台的内容包括书籍、数据库、杂志、链接
德雷克塞尔大学	美国	每名学科馆员与若干学院联络，提供培训、咨询和购买资源的服务；教授查询信息和研究技能，提供在线研究支持服务；提供研究数据服务。LibGuides 平台，14 个学院，59 个学科，每个学科包含若干个研究方向的指导。涉及推荐的数据库、学术和专业组织、别的资源、网站、推荐电子期刊、研究方法、评估和评估来源等内容。每个平台内容都不一样
佛罗里达州立大学	美国	FSU 图书馆为每个部门、学院和项目提供图书馆管理联络人，为学生和教师提供定制的教学和研究帮助。每个联络人可以与教师合作，作为该学院首先联系人为其提供图书馆的资源和服务，并选择相关资料支持他们目前的课程。每名学科馆员管理若干个 LibGuides，作为特定主题领域的主页

续表

学校名称	所属国家	服务内容
佐治亚理工学院	美国	提供相关研究方法的帮助，提供图书馆咨询、一般或特定学科的课程和研究任务的帮助等。包括专家咨询请求、指导和研究支持、研究指南、推荐购买。LibApps，41 个学科，每个学科包含若干个研究方向，涉及书籍、图片、杂志、查找技术报告和政府文件等内容
柏林洪堡大学	德国	并未找到相关的学科馆员制度或学科服务平台，但是在其图书馆设有 FID（专业信息服务），有关社会和文化人类学信息的收集以及专业信息服务的教育研究
伊利诺伊大学	美国	学科指导中提供了很多学科的相关资源，包括新闻资源、学术分析、其他资源以及研究和写作信息等。可以请相关研究主题的学科馆员为用户的研究提供一对一的帮助；可以预约一名专家学科馆员；为用户的研究推荐资源。LibGuides 平台，涉及查找书籍、杂志文献、政府数据和组织、研究项目、相关评价、杂志影响因子、引用分析、引用管理工具等内容，每个学科服务平台涉及的内容都不一样
印第安纳大学	美国	32 个学科，每个学科包含若干个子学科的学科服务平台。涉及内容指南、问题、文献、检索指示、资源利用、引用资源等内容。LibApps
肯塔基大学	美国	学术联络人可以为用户的教学、研究和图书馆馆藏需求提供帮助。LibGuides 的学科服务平台涉及数据库、电子书、课程指导、相关政府机构站点、统计、指导讲义、相关资源网站等内容，每个学科的服务平台内容均有差异
马里兰大学	美国	通过在线、面对面或电话提供一对一的研究协助；教授学生信息素养技能和研究工具；回答有关出版、版权问题和数字作品保存问题；购买大学图书馆的材料，包括数据，便于研究和指导；当用户计划研究项目时，帮助用户确定文献中的差距
密歇根大学	美国	学科专家提供预约咨询服务，帮助用户了解相关学科的资源和研究策略。这类个性化的服务也包括作为图书馆和学术与行政部门之间的联系人，以及审查采购申请和指导建立各自学科的资源收藏
北卡罗来纳大学	美国	15 个学科，22 名学科馆员。收集相关信息和研究支持相关学科发展
北得克萨斯州大学	美国	学科馆员与一个或多个学院合作，加强图书馆的馆藏建设，并通过研究、教学和技术等方式使学生或教师能够尽可能方便地获得图书馆的资源

续表

学校名称	所属国家	服务内容
宾夕法尼亚州立大学	美国	12个学科分类，300个研究方向。学科服务平台为LibApps，内容包括文献和数据库、相关资源、写作资源、相关链接、作者资源等
新泽西州立大学	美国	使用LibGuides平台，82个学科，每个学科包括若干个研究方向。内容包括相关资源、电子期刊、数据库、网络资源等
匹兹堡大学	美国	使用LibGuides平台，内容涉及数据库、博客、指南、课程等，每一个学科涉及的内容均有差异
谢菲尔德大学	英国	学科服务平台的内容包括主要资源、学习资源、主要的数据库、主要的图书馆资源、主要的网站、主要的参考和数据资源、信息素养、联系和新闻（自己做的网站）
新加坡管理大学	新加坡	可以预约与用户学科相关的图书馆员，6个学科的6名学科馆员。提供的服务包括学术交流服务、研究技能培训、新的资源推荐、课程阅读材料分发、图书馆借阅和文件传送服务、优先借阅
雪城大学	美国	发现研究工具，探索研究过程，为各种学术主题和特定课程找到有用的资源。56个学科，每个学科为分若干个研究方向，涉及文献、参考资料、专业网站、杂志等内容。26名学科馆员
坦佩雷大学	芬兰	使用的是LibGuides平台，11个学科服务平台。内容包括书籍、期刊、文章和数据库、参考资料以及其他资源等
得克萨斯大学奥斯汀分校	美国	学科服务平台使用的是LibGuides，共125个学科，每一个学科有其学科网站，并指定一名学科专家。学科网站的内容包括该学科相关的学术期刊和研究论文、新闻和杂志文章、相关数据参考资料等
多伦多大学	加拿大	教师研究咨询，相关课程教学，图书馆资源页的定制课程，课程和项目的定制研究指南，收集要求和建议，关于图书馆和信息技术服务的问题或建议
华盛顿大学	美国	学科指导中有对每一个学科的相关指导，包括文献、书籍、电子书籍的查找，参考资源，网络资源，引用管理；采购图书馆材料，提供参考帮助和咨询，指导学生使用各个学科的研究工具和方法。LibGuides，57个学科，每个学科包括若干个研究主题，涉及文献和杂志、书籍和影像、统计、社区资源、政策资源、实践资源、研究工具、网络资源、相关链接指导等内容。每个服务平台的内容有差异

数据获取时间：2017-03-28。

表 4-7　调查的国内高校图书馆的学科服务内容

学校名称	目录设置	服务内容
清华大学	制度、工作职责、馆员名单、最新动态	资源建设、建议与反馈、图书馆讲座、编写更新参考资料、宣传推广图书馆资源、文献资源帮助
北京大学	学科馆员、学科博客、学科信息门户、学科前沿追踪、学科态势分析、学术素养与写作支持	开通学科博客、学科信息门户梳理学科相关资源并整合该领域的文献资源，进行学科态势分析，为学科提供一站式的学术内容服务；开展相关的学术素养培训和咨询
厦门大学	学科馆员工作室、在线咨询、工作职责	了解对口学院学术情况；开办相关讲座；征求意见和信息需求；编写更新参考资料；宣传推广图书馆资源和服务；试用、评价、收集和采购相关学科的文献资源；文献帮助
南京大学		“Subject+学科知识服务”平台是以学科为基础，建立各大学科新闻、文献、课程、会议、人物、机构、专利的聚合系统平台，将网络上有关学科的即时信息聚合到图书馆学科服务平台上，便于用户及时通过这一平台了解各相关学科发展信息。建立基于学科的互动问答平台，方便学科馆员帮助解决用户在学科教研学习过程中遇到的、需要学科馆员利用自身知识帮助解决的各类问题，通过“Subject+学科知识服务”平台建立强大的学科知识库
复旦大学		信息通报服务、专场培训、专业课程讲座、单独咨询、预约现场服务
天津大学		系统推介图书馆购买的各类资源及提供的各类服务，及时通报最新资源；进行信息交流，了解院系学科建设与专业发展方向以及院系文献资料重点建设的情况，获取院系对图书馆资源建设（图书、期刊、电子资源等）与服务内容的建议和需求；提供内容丰富、形式多样的关于文献检索及图书馆利用等相关知识的讲座；通过 QQ、CVRS（虚拟参考咨询系统）、邮件、电话、BBS 等方式解答师生教学科研过程中遇到的与图书馆相关的各种问题
哈尔滨工业大学	平台首页、平台简介、在线咨询、学科服务博客	LibGuides 平台，编写导引
浙江大学	核心导航期刊、SCI 本校动态、学科资源导航	为研究提供支持、学科指导、编写学科资源

续表

学校名称	目录设置	服务内容
南开大学	学科馆员制度、学科服务团队、学科服务平台	电子资源评价与采购、网络资源的评估；数据库的整合与导航；与学校各院、系、所联系与沟通；提供专门化、深入的学科服务；为读者与用户提供培训
西安交通大学	学科馆员制度、学科馆员工作职责、学科馆员联系方式	提供利用图书馆资源和服务的培训指导；为对口院系提供咨询服务；收集整理学科的相关资源；收集师生对图书馆的意见和建议
华中科技大学	学科服务介绍、学科馆员、学科网站	学科的文献资源建设；学科的文献信息服务
东南大学	学科服务馆员、学科服务平台	负责试用、评价相关学科的数字资源；提供指导和培训；收集师生对图书馆的意见和要求；为教学和科研提供决策参考服务
武汉大学	学科服务简介、学科服务平台、学科知识服务、信息素养教育、资源荐购、科研数据管理	提供文献信息参考咨询服务，建立学科文献资源指南，并嵌入到学院科研、教学第一线，以开展各类信息素养教育
上海交通大学	学科服务平台、学科馆员	
中国海洋大学	学科导航、学科馆员	与对口学院联系，了解其文献需求、开展培训和辅导讲座、追踪馆藏资源的变化，提出新增文献资源的推介与服务措施，进行网络资源的整合与链接，有针对性地提供文献信息服务
山东大学	学科服务概述、学科馆员团队、学科服务平台	了解对口院系的科研情况，并了解该学科的文献资源分布；深入院系，征求意见及信息需求；提供资源利用培训；宣传推广图书馆的资源与服务；为院系提供基于文献资源的学科发展趋势分析及相关评价分析服务
湖南大学	学科馆员介绍、学科服务网站、资源推荐	*
中国人民大学	学科馆员、学科服务平台、ESI 学科动态	学科信息联络、学科资源建设、学科资源宣传、学科用户培训、学科信息导航、学科动态跟踪

续表

学校名称	目录设置	服务内容
北京理工大学	学科馆员制度、学科馆员工作职责、各院系学科馆员	了解对口学院科研情况及该学科的文献资源分布；提供培训指导和讲座；宣传图书馆资源和服务；征求读者意见；提供问题咨询；收集整理有关学科的相关资源；提供文献资源的帮助；参与科研，服务课题组；审核图书馆推出的学术成果
吉林大学	学科服务工作内容、联系方式	制订对口院系相关学科的馆藏资源发展计划；了解院系的信息需求；试用、评价相关学科的电子资源；征求建议及要求；向对口院系及时推送最新资源；建立教师档案，开展个性化信息服务；参与对口院系的学术活动；及时解答师生疑问；提供指导和培训；搜集整理网络信息资源，参与学科文献资源的分析和评价工作
重庆大学	*	未在重庆大学图书馆主页上发现其学科馆员或学科服务的导航，但是其图书馆开设了“学院的图书馆”，33 个学院。为每个学院提供科研专题资源库、教学课程资源库，以及推荐相关资源
电子科技大学	学科服务平台、科研信息能力培训、学科服务团队	开展相关培训、资源概述、技巧培养、综合应用等工作；整合相关学科资源，进行学术动态分析及热点追踪，导读与荐购；学习社区；服务校园活动
东北大学	学科馆员职责、学科馆员名单、学科服务平台、学科导航	学科联络、学科资源建设、学科信息服务
西北工业大学	学科服务平台、学科馆员联系方式	院系联系、咨询服务、原文查找服务、用户教育与培训、查收查引、论文统计、学科文献资源建设、信息推送和个性化专题服务、学科信息服务门户网站建设、学科服务嵌入科研、学科服务嵌入教学、科技查新服务
北京师范大学	学科服务平台	
同济大学	新闻通告、学科馆员团队、“双伙伴”计划、学科服务体系、知识信息服务、文献资源保障、信息素养教育	院系联系、知识信息服务、文献资源保障、信息素养教育、全方位学科咨询、学习和交流互动空间
中南大学	*	*

续表

学校名称	目录设置	服务内容
中国农业大学	学科馆员联系表	院系联系；采购与荐书；收集意见和要求；为教师和研究生服务；试用、评价对口院系的电子资源；提供指导与培训；整理网络信息资源；文献检索，为教学和科研提供服务和决策参考服务
国防科技大学	学科服务介绍、图情顾问、平台介绍、平台优势	参与学科资源建设；解决文献信息需求；预约培训与指导；体验个性化服务；为图书馆的发展献计献策
西北农林科技大学	学科服务内容、服务部门	提供特定文献信息咨询检索服务；科技查新服务；学科信息的检索和分析服务；用户信息素养培训；面向社会提供各种信息服务
华东师范大学	学科服务简介、学科服务范围、学科服务团队及人员名单	院系联系、信息推送、咨询服务、学科资源建设、学科服务宣传、信息素养培训、情报服务、学科竞争力分析、整理编写参考资料、特别服务
中央民族大学	*	*

数据获取时间：2017-03-28。* 表示没有检索到具体信息。

4.6　国内外高校图书馆学科馆员的配备

调查的 iSchool 成员中的国外高校图书馆除 1 所高校未发现其设立学科馆员制度外，其他高校图书馆都设置了学科馆员制度。国内调查的 39 所“985”高校图书馆，有 30 所高校图书馆设置了学科馆员制度。从学科馆员的名称来看，国外高校图书馆对学科馆员的称呼并不统一，称呼最多的是“Subject Librarian”和“Subject Specialists”，其他的称呼还有“Information Specialists”“Subject Expert”“Faculty Liaison Librarians”。例如，加利福尼亚大学洛杉矶分校图书馆对学科馆员的称呼为“Subject Specialists”，卡内基梅隆大学图书馆对学科馆员的称呼为“Subject Expert”。国内对学科馆员的称呼比较统一，使用最多的称呼为“学科馆员”，有个别高校的图书馆使用“学院联系人”，如四川大学图书馆。从学科馆员的设置来看，国内外高校图书馆基本上的模式为一名学科馆员服务于多个学科或学院，都是根据学科馆员的专业背景来设置的。从学科馆员的数量来看，国内外高校图书馆的学科馆员数量不等，这与学科数量有关。国外高校图书馆的学科馆员平均数量为31名，国内高校图书馆的学科馆员平均数量为22名。与学科馆员联系的方式基本都一致，可以单独预约，也可以在线咨询、电话或邮箱联系。从学科服务馆员团队建设来看，国内外都比较注重学科服务团队的建设，但国外的学科服务团队相对成熟，有比较完善的组织机构和规章制度。国内的学科服务团队发展也比较迅速，一般是以学科服务组为主。例如，中国人民大学将学科馆员分为6个学科服务组，每组服务于若干个院系。

4.7 对我国高校图书馆学科服务的启示和建议

学科服务的开展和学科馆员制度的建立，拓展了高校图书馆的服务内容和范围。综合比较国内外高校图书馆学科服务建设的实践情况，发现国内外高校图书馆学科服务的开展在建设程度、服务模式、服务内容、服务平台、学科馆员等方面既存在相似点也存在差异。综合来看，国内学科服务建设与国外的差距在于：①学科服务开展的广度不够。国外高校图书馆开展学科服务起步早于国内，因此学科服务基本上已成为其常规服务，调查的26所国外高校图书馆中有25所已开展学科服务。虽然国内高校图书馆在积极地开展该服务，且很多高校已开展相关服务，但还没有达到全面的覆盖。对于我国来说，在国家注重建设“双一流”的背景下，不仅仅要加强“985”“211”高校的学科服务建设，也应该加强其他层次院校图书馆的学科服务建设。②学科服务开展的深度不够。调查的国外25所开展学科服务的高校图书馆都建设了相应的学科服务平台，而国内很多高校图书馆只是指定了学科服务的联系人，其他相关服务在门户网站上并未找到。从服务学科的数量来看，国内偏少，很多高校还处于建设的初期，只是建设了本校重点学科的学科服务平台，大部分高校只有几个学科的服务平台，还没有涉及全部学科。③细分程度不够。国内的学科服务建设主要是面向学院和学科，针对学科建设学科服务平台，涉及的内容包括该学科的相关资源、相关学者、相关会议等，而调查的国外高校图书馆针对的是学院和学科的具体研究主题，将学科更加细化、更加深入，且服务的对象多样化，不仅仅服务于教师，还服务于学生，且建立了课程指导的服务平台。④学科馆员的差距。从学科馆员的配置上看，国外明显优于国内，不仅学科服务的范围广，且学科馆员的数量众多。虽然国内与国外在学科服务建设上存在差距，但国内部分高校的学科服务建设也取得了一定成果，形成了自己的特色，值得其他高校借鉴。例如，同济大学图书馆建立了完善的学科服务体系，明确学科馆员的角色为知识伙伴和研究伙伴，并组建了“学科馆员—咨询馆员—辅助人员”的服务梯队。

基于调研的结果，国外高校图书馆学科服务的经验对我国的启示如下：

（1）在导航设置上我国普遍采用的是学科服务或学科馆员路径，但部分高校开始重视资源和服务的整合，设置了教学支持和科研支持导航，将学科服务归到科研支持目录下；在国家提倡建设“双一流”的政策背景下，我国的高校大部分开展了相关的学科分析，也属于科研支持目录。在导航的设置上，我国大部分的高校采用“资源”和“服务”的传统目录导航形式，一部分高校在新版的图书馆网站上已开始对图书馆的资源和服务进行整合，以设计更合理的图书馆导航。笔者曾对英美国家 QS 排名前 20 的高校图书馆导航设置进行调查，发现基本上被调查的高校都有“教学支持”和“科研支持”的导航设置，且设置了专门的用户服务通道，为不同的用户对象提供不同的服务。

（2）虽然 LibGuides 平台比较流行，但国内开始转向多元化学科服务平台。笔者曾对 QS 排名前 50 的国际高校图书馆进行调查，发现被调查的 47 所国外的高校图书馆中，37 所高校使用 LibGuides 学科服务平台；在中国内地，在 39 所“985”高校中，有 10 所高校图书馆使用了 LibGuides 学科服务平台。LibGuides 平台在国内的使用率大大下降；同时，从调查的数据来看，出现了多元化的国内第三方学科服务平台，如维普的 LDSP、“Subject+”、纬度等。另外，国内高校图书馆学科服务平台的建设方式也呈现多元化趋势，有自建的学科服务网站、学科服务博客等。

(3) 学科服务内容在多元化背景下有所拓展和创新；学科服务开展之初，其定位在于学科联络，主要工作内容包括与学院建立联系，了解学院的资源需求，进行学科资源建设或培训等。在多元化背景下，尤其是“双一流”建设和数据科学的影响下，高校图书馆一直在拓展学科服务的内容，使学科服务能够更好地助力“双一流”建设和数据科学的发展。

(4) 学科团队建设有待加强。学科服务发展的关键在于学科馆员素质的提高，其矛盾在于学科服务的高要求与学科馆员能力发展不足之间的矛盾。目前，高校发展学科服务所配备的学科馆员都是从原有的馆员中选拔的，并没有一套评价机制或学习体系或资质证明能够为学科馆员的发展提供一条有效的路径。另外，需要加强对学科团队的建设和管理。目前，很多高校图书馆选择第三方代理学科服务平台，相当于将其学科服务外包出去，同时将学科分析的服务依托在学科服务的平台上，这种模式其实并不利于学科团队的建设和学科馆员素质的提高。

(5) 学科服务实践路径呈现多元化趋势。常见的学科服务路径是以学院或专业为单位，考虑学科馆员的学科背景和专业知识，以一对一、一对多或多对多的模式提供学科服务。这是学科服务发展之初建立的学科联络服务模式，是在学科馆员人手不足的情况下建立学科联络服务的，所以基本上一名学科馆员要对应多个学院或者是一组学科馆员对应一组学院。随着学科服务的不断发展，出现了更多形式的实现路径。例如，嵌入式的学科服务模式、助力“双一流”建设的学科服务模式，以及借助于社交媒体的学科服务模式。笔者认为借助社交媒体的学科服务模式是一个发展趋势，它可以缩短用户与学科馆员的距离，且用户很容易习惯这种模式。

[参考文献]

[1] 纪念中国学科馆员制度创立20周年“学科服务创新与深化”高层论坛（2018）在京召开［J］. 图书情报工作，2019，63（1）：69.

[2] 王磊. 国内图书馆学科服务现状可视化分析［J］. 图书情报工作，2013（2）：136-142.

[3] HUMPHREYS K. The subject specialist in national and university libraries [J]. Libri, 1967, 17 (1): 29-41.

[4] FELDMANN L. Subject librarians in the changing academic library [J]. Electronic journal of academic and special librarianship, 2006, 7 (3): 1-8.

[5] BIDDISCOMBE R. Learning support professionals: the changing role of subject specialists in UK academic libraries [J]. Program, 2002, 36 (4): 228-235.

[6] GASTON R. The changing role of the subject librarian, with a particular focus on UK developments, examined through a review of the literature [J]. New review of academic librarianship, 2001, 7 (1): 19-36.

[7] NEVES K M. Using LibGuides to offer library service to undergraduate medical students based on the case-oriented problem solving curriculum model [J]. Journal of the medical library association, 2011, 99 (1): 94-97.

[8] REAM T, PARKRR-KELLY D. Expanding library services and instruction through libGuides [J]. Medical reference services quarterly, 2016, 35 (3): 342-349.

[9] 郭依群, 邵敏. 网络环境下大学图书馆学科馆员职责的扩展: 清华大学图书馆案例研究 [J]. 大学图书馆学报, 2004 (5): 51-55.

[10] 邵敏. 清华大学图书馆学科服务架构与学科馆员队伍建设 [J]. 图书情报工作, 2008 (2): 11-14.

[11] 曾晓牧, 林佳. 基于学科有效信息行为的学科服务实践: 以清华大学数学学科为例 [J]. 大学图书馆学报, 2014 (3): 85-90.

[12] 邱葵. 美国高校图书馆的学科馆员与学科服务 [J]. 图书馆论坛, 2016 (12): 13-23.

[13] 周敬治, 石秀春. 国内外高校图书馆学科馆员的比较研究 [J]. 情报资料工作, 2008 (5): 83-86.

[14] 周艳玫, 王衍喜, 郝丹, 等. 嵌入学科服务过程的信息服务平台设计与实现 [J]. 图书情报工作, 2015 (8): 97-102.

[15] 何雅琪，齐慧彬，刘敬芹，等. 基于 LibGuides 的用户协作式学科服务平台建设实践［J］. 图书情报工作，2013（21）：81-85，90.

[16] 袁晔，郭晶，余晓蔚. LibGuides 学科服务平台的应用实践和优化策略［J］. 图书情报工作，2013（2）：19-23.

[17] 张洁，黄敏. 基于 LibGuides 学科服务平台应用调查分析：以美国 8 所大学图书馆为例［J］. 图书馆杂志，2011（6）：29-33.

[18] 陈永平. 关于高校图书馆学科馆员角色的定位思考［J］. 图书情报工作，2009（7）：76-78，108.

[19] 陈全松. 高校图书馆嵌入式学科服务模式的实践与思考：以厦门大学图书馆为例［J］. 图书情报工作，2012（7）：83-87.

[20] 刘颖. 嵌入式学科服务创新模式研究：基于嵌入性理论的思考［J］. 图书情报工作，2012（1）：18-22，59.

[21] 施燕斌，敬丹榕. 嵌入式学科服务：泛在知识环境下学科服务创新的新高地［J］. 图书馆，2013（6）：118-119.

[22] 学科服务［EB/OL］.［2019-04-15］. http：//lib. tsinghua. edu. cn/service/sub_ librarian. html.

[23] 艾春艳，刘素清. 学科馆员参与资源建设的探索与创新［J］. 图书情报工作，2013，57（2）：15-18.

[24] 刘文颖，林静，李政. 厦门大学图书馆学科服务改革实践［J］. 农业网络信息，2018（3）：64-67.

[25] 廖剑岚. 复旦大学图书馆学科信息推送服务的实践与思考［J］. 上海高校图书情报工作研究，2012，22（4）：44-46.

[26] 陈振英. 融入主流谋发展　拓展合作促繁荣：浙江大学图书馆学科服务创新实践［J］. 图书馆杂志，2011，30（8）：69-72.

[27] 南开大学图书馆. 学科馆员制度［EB/OL］.［2019-04-15］. http：//www. lib. nankai. edu. cn/libservice/xkgyzd.

[28] 魏青山，韦经坤，石蕾，等. 学科博客在高校图书馆学科服务中的应用研究［J］. 图书馆论坛，2011，31（1）：20-21，69.

[29] 范玉红. 大学图书馆学科服务创新实践及启示：以上海交通大学图书馆为例 [J]. 河北科技图苑，2012，25 (5)：25-27，76.

[30] 祝小静. LibGuides 学科服务平台建设与维护机制的探讨：基于中国人民大学图书馆实践 [J]. 图书馆学研究，2013 (22)：90-94.

[31] 蔡筱青，黄海. 高校图书馆学科信息推送服务的实践与思考：以中山大学为例 [J]. 图书馆论坛，2013，33 (3)：80-84.

[32] 黄辉，郭永健，刘秋让，等. 高校学科馆员服务的发展模式研究：以西北工业大学图书馆为例 [J]. 当代图书馆，2012，111 (3)：23，29-31.

[33] 于静，刘迎春，李书宁，等. 基于学科特点与用户信息行为分析的学科服务探索与实践：以北京师范大学图书馆 3.0 版学科服务为例 [J]. 大学图书馆学报，2017，35 (5)：80-85.

[34] 邬宁芬，陈欣. 高校图书馆学科服务之“双伙伴”计划的探索与实践 [J]. 图书情报工作，2011，55 (9)：93-96，113.

[35] 中国农业大学图书馆. 学科服务 [EB/OL]. [2019-04-15]. http：//www. lib. cau. edu. cn/libinfo. php? mid=43.

[36] 罗红彬，刘淑霞. 西北农林科技大学图书馆学科馆员服务模式探索 [J]. 陕西农业科学，2012，58 (4)：234-236.

[37] 李志芳. 国内外高校图书馆学科服务的对比分析：基于国外 iSchool 联盟和国内“985”高校图书馆的调查 [J]. 图书情报工作，2017，61 (11)：71-79.

[38] 范爱红，DEBORAH J. SCHMIDLE. 学科服务发展趋势与学科馆员新角色：康奈尔范例研究 [J]. 图书情报工作，2012 (5)：15-20.

[39] 学科服务强化人才立馆，助推学科发展：图书馆采取系列措施加强馆员队伍建设 [EB/OL]. [2019-04-17]. https：//mp. weixin. qq. com/s/T6HUZtyY8d4E61MXRL4Z3Q.

[40] 刘金立. 我国涉海高校图书馆学科馆员服务模式研究 [J]. 现代情报，2011，31 (1)：113-116.

[41] 李燕，杨新涯，陈文. 学部制下学科服务创新模式探索与思考：重

庆大学图书馆学科服务的拓展与深化［J］. 图书情报工作，2016，60（11）：21-28.

［42］学科导航［EB/OL］.［2019-04-17］. http：//opac. lib. ustc. edu. cn/shelf/xueke_ catalog. php.

［43］郝珊珊. 安徽省高校图书馆学科服务调查研究［D］. 合肥：安徽大学，2016.

［44］SPRINGSHARE. LibGuides［EB/OL］.［2017-03-28］. https：//www. springshare. com/libguides/.

［45］SPRINGSHARE. Cloud software for libraries［EB/OL］.［2017-03-28］. https：//www. springshare. com/.

［46］SPRINGSHARE. Cloud software for libraries［EB/OL］.［2019-04-24］. https：//www. springshare. com/.

［47］李剑，陈俊杰，张广钦，等. 基于“微信+学科主页”的学科服务探讨：以厦门大学为例［J］. 大学图书馆学报，2017，35（2）：69-74.

［48］学科博客［EB/OL］.［2019-04-15］. http：//www. lib. hit. edu. cn/aggregator/sources.

［49］建筑信息门户［EB/OL］.［2017-07-07］. http：//dl9. lib. tongji. edu. cn：8003/agate/.

［50］Subject+学科服务平台［EB/OL］.［2019-04-15］. http：//lib. casdc. com/subject. html.

［51］维普图书馆学科服务平台产品介绍［EB/OL］.［2017-04-06］. https：//wenku. baidu. com/view/fe4438c3aa00b52acfc7ca95. html.

［52］Subject librarians［EB/OL］.［2017-03-28］. http：//www. lib. berkeley. edu/help/subject-specialists.

［53］Faculty liaison librarians［EB/OL］.［2017-03-28］. http：//resource. library. utoronto. ca/liaison/index. html.

［54］同济大学图书馆学科服务［EB/OL］.［2017-04-06］. http：//www. lib. tongji. edu. cn/oldweb/infoservices/xk/xk-index. aspx.

5 国内外高校图书馆学科服务平台的选择

学科服务对图书馆变革转型有着重要的作用和意义。在学科服务体系中，学科馆员、学科服务平台、学科服务内容是其重要的三个组成部分。有关学科服务的核心内容，主要包含院系联系、资源建设、资源推广、情报分析、信息素养培训、嵌入式教学服务等方面。学科馆员是学科服务关键环节，因此构建完善的学科馆员培养体系对学科服务的发展至关重要。学科服务平台在学科服务体系中起桥梁的作用，它能够将用户和学科馆员有效地联系起来，是学科馆员提供服务的一个通道。学科服务平台能够有效地提高学科服务的效率，能够存储与学科相关的资源并提供给用户。为了更好地了解国内外使用学科服务平台和工具的情况，本章对国外 QS 排名前 50 的高校图书馆和国内 39 所“985”高校图书馆进行了调研，梳理分析国内外对学科服务平台的利用情况，为我国的学科服务平台使用提供参考和借鉴。

5.1 相关研究

学科服务最早是由美国内布拉斯大学图书馆于 1950 年设立的。国外对学科服务的研究侧重于学科馆员的角色转变和定位。国外学者普遍认为学科馆员的作用在新环境下已经发生了明显的变化，正在越来越多地参与到课程规划、教学技巧等活动中。对学科服务平台的研究内容，主要涉及 LibGuides 的改进优化和其在学科服务中的应用。Glassman 和 Sorensen 指出图书馆创建指南服务平台的演变历程为从最开始的纸质到基于 Web 工具在线的指南，再从博客、维基等到专门创建主题指南的工具，而 LibGuides 在当时就是专门创建主题的指南工具，为图书馆创建指南提供了便利。例如，J. R. Garritano 研究如何利用 LibGuides 加强大学化学实验室的课程指导；M. Francis 研究利用 LibGuides 如何提升图书馆的服务效能。

国内图书馆的学科服务公认最早是由清华大学图书馆在 1998 年建立了学科馆员制度，随后国内“985”高校中很多图书馆在 2000 年左右也开始开展学科服务。整体上学科服务在中国发展已有 20 多年的历史。国内关于学科服务的研究成果非常丰富，主要侧重于国外学科服务经验的介绍、国内学科服务随着社会发展如何变革创新、学科馆员角色如何定位、学科服务平台建设等。其中，学科服务平台是开展学科服务的技术和工具支撑，对有效开展学科服务具有重要作用。国内学者对学科服务平台的研究侧重于：①“双一流”建设背景下，高校图书馆学科服务平台的设计。2015 年，我国启动了“双一流”建设，各个高校积极响应并制定本校“双一流”建设的方案。很多学者研究在“双一流”建设的背景下，高校图书馆的学科服务如何变革，学科服务平台如何改进和优化。例如，董国强和马秀峰研究了一流学科中高校图书馆智慧型学科服务平台的设计，构建了四个层级的智慧型学科服务平台框架。②基于案例分析或技术，构建高校图书馆学科服务平台。很多高校图书馆的学科服务平台是自己开发和构建的，并将其实践和经验通过文献的方式进行共享。例如，刘景亮、于海涛等以黑龙江中医药大学为例，基于 Hadoop 2.0 和 Html 5 技术构建了学科服务平台。③高校图书馆学科服务平台的应用调查。例如，李书宁从建设情况、平台搭建方式、内容、特点等方面对我国“985”高校图书馆的学科服务平台建设情况进行了调查。④ LibGuides 学科服务平台的应用。LibGuides 平台是全球应用和推广比较广泛的平台。2010 年，上海交通大学图书馆率先引入 LibGuides。2011 年，中国高等教育文献保障系统（CALIS）三期建设资金支持了国内 50 家图书馆引入该平台。因此，国内很多学者对 LibGuides 平台在国内高校图书馆的应用进行了研究，祝小静基于中国人民大学图书馆的实践，研究了 LibGuides 学科服务平台的建设和维护机制。

5.2 国外高校图书馆学科服务平台的使用

5.2.1 国外学科服务平台使用情况的数据调查

根据 2019 QS 世界高校排名，选取排名前 50 的高校，涉及的国家包括美国、英国、法国、新加坡、瑞士、日本、韩国、澳大利亚、加拿大。中国共有 6 所高校入选前 50 名，分别是清华大学、香港大学、北京大学、香港科技大学、复旦大学、香港中文大学。由于这部分分析的是国外学科平台的使用，因此，表 5-1 不包含这几所高校。调查的所有美国高校图书馆都使用了该平台，且导引数量也是最多的。从调查的结果来看，国外高校图书馆的学科服务平台和工具主要分为以下两个类型：①LibGuides 和 LibGuides CMS 平台；②自建平台。

表 5-1 国外高校图书馆的学科服务平台选择情况

学校名称	国家	平台	平台功能
麻省理工学院	美国	LibGuides CMS	707 条导引
斯坦福大学	美国	自建平台/LibGuides	LibGuides 没有导引
哈佛大学	美国	LibGuides CMS	685 条导引
加州理工学院	美国	LibGuides	76 条导引，10 名学科馆员
牛津大学	英国	LibGuides	9 种导引，98 个学科导引
剑桥大学	英国	LibGuides CMS	66 条导引
苏黎世联邦工业大学	瑞士	*	*
帝国理工学院	英国	自建网站	学科支持，21 个学科
芝加哥大学	美国	LibGuides CMS	637 条导引，包括学科指导、帮助指导、课程指导
伦敦大学学院	英国	自建平台	Subject Guides，97 个学科

续表

学校名称	国家	平台	平台功能
新加坡国立大学	新加坡	LibGuides CMS	Subject Guides，197 条导引，包括课程指导 24 条、一般指导 43 条、学科指导 93 条、主题指导 37 条
南洋理工大学	新加坡	LibGuides	为学生和老师提供的服务目录。38 个学科，52 条导引，包括课程指导 5 条、学科指导 36 条、主题指导 9 条等
普林斯顿大学	美国	LibGuides CMS	791 条导引
康奈尔大学	美国	LibGuides CMS	55 个学科，包括课程指导和学科指导，2226 条导引
耶鲁大学	美国	LibGuides CMS	58 个学科，973 条导引
哥伦比亚大学	美国	LibGuides CMS	545 条导引
爱丁堡大学	英国	LibGuides	学科帮助。46 条导引，包括 28 条学科指导、18 条一般指导
宾夕法尼亚州立大学（帕克）	美国	LibGuides CMS	1353 条导引
密歇根大学安娜堡分校	美国	LibGuides	13 个学科，465 条导引
约翰霍普斯金斯大学	美国	LibGuides	95 条导引，包括课程指导 1 条、一般指导 91 条、主题指导 3 条
洛桑联邦理工学院	瑞士	自建平台	12 个学科，Liaison Librarian
东京大学	日本	*	*
澳大利亚国立大学	澳大利亚	LibGuides	83 条导引，包括一般指导 50 条、学科指导 33 条，9 名学科馆员
杜克大学	美国	LibGuides	1260 条导引，包括学科指导、帮助指导、课程指导
加利福尼亚大学伯克利分校	美国	LibGuides CMS	116 个学科，759 条导引，包括课程指导 252 条一般指导 42 条、学科指导 207 条、主题指导 258 条，70 名学科馆员
多伦多大学	加拿大	LibGuides	114 个学科
曼彻斯特大学	英国	LibGuides	68 个导引，4 个学科组
伦敦大学国王学院	英国	LibGuides	6 个学科分类

续表

学校名称	国家	平台	平台功能
加利福尼亚大学洛杉矶分校	美国	LibGuides CMS	47 名学科馆员，1721 条导引
麦吉尔大学	加拿大	LibGuides	303 条导引，包括课程指导 71 条、一般指导 20 条、学科指导 178 条、主题指导 34 条，40 名学科馆员
西北大学	美国	LibGuides CMS	研究指导、课程指导、帮助指导、参考资料、视频培训，977 条导引
京都大学	日本	*	*
首尔大学	韩国	LibGuides	研究支持→Liaison Service，研究指导
伦敦政经学院	英国	自建平台	学科指导，25 个学科
墨尔本大学	澳大利亚	LibGuides	18 个学科，274 条指引
韩国科学技术院	韩国	LibGuides	学科指导，45 条指引，一般指导 45 条，6 名学科馆员
加利福尼亚大学圣地亚哥分校	美国	LibGuides	学科指导、课程指导、How-to 指导，77 个学科，148 条导引
悉尼大学	澳大利亚	LibGuides	学习→学科指导，126 条导引
纽约大学	美国	LibGuides	475 条导引，91 条课程指导，114 条帮助指导，242 条学科指导，28 条图书馆服务和空间指导
新南威尔士大学	澳大利亚	LibGuides CMS	学科指导，21 个学科，79 条导引
卡耐基梅隆大学	美国	LibGuides	研究支持→研究指引。335 条导引，包括学科指导、课程指导 99 条和其他指导 236 条。学科指导包括 47 个学科、364 条导引；25 名学科馆员
不列颠哥伦比亚大学	加拿大	LibGuides	提供研究帮助→研究指导。包括学科指导 343 条、课程指导 111 条、一般指导 49 条、培训指导 34 条，537 条导引
昆士兰大学	澳大利亚	LibGuides	研究工具和技术→学科指导。包括 8 个大学科门类、134 条导引
巴黎第九大学	法国	*	*

数据获取时间：2019-06-15。* 表示没有检索到具体信息。

5.2.2 国外高校图书馆学科服务平台的选择

5.2.2.1 LibGuides 平台

LibGuides 由美国 Springshare 公司开发，是一个专为图书馆设计的内容管理与知识共享系统，图书馆员可以利用它进行信息的分享、组织课堂和专题资源，以及创建和管理网站等，提升和延伸图书馆服务。同时，LibGuides 还具有强大的报告和统计数据的功能，通过它可以实时了解系统的使用情况，如指南的点击量。LibGudies CMS 是 LibGuides 的升级版，提供了更详细的统计信息，如用户会话数量、浏览和操作系统故障等。

使用 LibGuides 平台的图书馆类型包括学术图书馆（高校和研究所）、K-12图书馆、法律图书馆、医学图书馆、合作机构、公共图书馆和特色图书馆七种类型。目前各种类型的图书馆数量如表 5-2 所示。

表 5-2 LibGuides 平台的图书馆类型分布

图书馆类型	数量/家	图书馆类型	数量/家
学术图书馆	1787	合作机构	38
K-12 图书馆	526	公共图书馆	95
法律图书馆	2	特色图书馆	85
医学图书馆	32		

目前有 39 个国家注册使用了 LibGuides 平台。具体分布如表 5-3 所示。从表 5-3 中可知，学术图书馆使用 LibGuides 平台最多，且美国是使用 LibGuides 平台最多的国家。

表 5-3 LibGuides 平台的地域分布

<table>
<tr><th>国家</th><th>图书馆类型</th><th>数量/家</th><th>国家</th><th>图书馆类型</th><th>数量/家</th></tr>
<tr><td>巴哈马</td><td>学术图书馆</td><td>1</td><td>博茨瓦纳</td><td>学术图书馆</td><td>1</td></tr>
<tr><td rowspan="2">哥伦比亚</td><td>学术图书馆</td><td>4</td><td rowspan="2">智利</td><td>学术图书馆</td><td>4</td></tr>
<tr><td>K-12 图书馆</td><td>1</td><td>合作机构</td><td>1</td></tr>
<tr><td>巴西</td><td>学术图书馆</td><td>1</td><td>捷克共和国</td><td>K-12 图书馆</td><td>1</td></tr>
</table>

续表

国家	图书馆类型	数量/家	国家	图书馆类型	数量/家
埃及	学术图书馆	1	肯尼亚	学术图书馆	1
	K-12 图书馆	2		K-12 图书馆	1
加纳	学术图书馆	1	冰岛	学术图书馆	1
以色列	学术图书馆	3	科威特	学术图书馆	2
吉尔吉斯斯坦	学术图书馆	1	卢森堡	K-12 图书馆	1
黎巴嫩	学术图书馆	3	俄罗斯联邦	学术图书馆	1
	特色图书馆	2		K-12 图书馆	1
卡塔尔	学术图书馆	5	南非	学术图书馆	16
	K-12 图书馆	2		K-12 图书馆	1
	特色图书馆	1		特色图书馆	1
	公共图书馆	1	摩洛哥	学术图书馆	1
沙特阿拉伯	学术图书馆	3	阿拉伯联合酋长国	学术图书馆	11
	K-12 图书馆	2		K-12 图书馆	3
美国	学术图书馆	1715	乌克兰	K-12 图书馆	1
	K-12 图书馆	509	特立尼达和多巴哥	学术图书馆	1
	法律图书馆	2	坦桑尼亚	K-12 图书馆	1
	医学图书馆	32	秘鲁	学术图书馆	4
	合作机构	38	纳米比亚	学术图书馆	1
	公共图书馆	95	荷属安的列斯群岛	学术图书馆	1
	特色图书馆	81	墨西哥	学术图书馆	3

从调查数据可知，国外调查的高校图书馆大部分使用了 LibGuides 平台，从创建导引的数量上看明显多于我国高校创建的数量，且大部分高校的导引保持着更新的状态，表明其使用效果良好。

5.2.2.2 自建平台

从调查的数据来看，部分高校利用网页设计技术自行开发学科网站。从创建指南的演变历程上看，利用网页设计自开发的学科网站是在博客和 LibGuides 平台推广之前，很多高校采用学科服务平台或工具的形式。这种方式需要耗费人力、财力进行开发和维护，成本较高。博客或维基是 Web 2.0 发展下的产物，可以为用户提供内容管理的模板，进行内容的添加和推送，相对于传统的自开发学科网站，省去了很多开发和维护的成本。而 LibGuides 平台的出现，比学科博客更进一步，是专门的内容管理和创建学科指南的工具，在资源创建、资源推送、资源共享和系统易用性上都更好一些。随着社会的发展，以及社交软件和社群营销理念的推广，部分高校图书馆也在开发更多学科服务平台和工具，主要利用即时社交媒体推广学科服务或委托第三方学科服务平台来推广。

5.3 国内高校图书馆学科服务平台的使用

5.3.1 国内学科服务平台使用情况的数据调查

采用网络调查的方法，以国内 39 所“985”高校图书馆为研究对象，调查其开展学科服务时采用的学科服务平台类型及应用情况。从调查的结果来看，虽然 39 所高校图书馆中基本上都开展了学科服务，但并不是都有学科服务平台，只有一半左右的高校有学科服务平台（不包含打不开的或者学科服务平台为空的高校）。从类型上看，我国调查的“985”高校图书馆使用的学科服务平台主要包含五种平台或工具：国外推广的工具，如 LibGuides 平台、社会化媒体工具、自建平台、依托于运营商的专业第三方学科服务平台、综合性的学科资源导航库。具体情况如表 5-4 所示。

表 5-4 我国“985”高校图书馆学科服务平台类型

学校名称	平台	平台功能
清华大学	LibGuides	21 条导引，提供学科的信息资源导航和课程的指导
北京大学	维普学科服务平台+自建学科信息门户	包含 28 个学科、5 个学科信息门户、36 个学院
厦门大学	微信+学科主页	18 名学科馆员

续表

学校名称	平台	平台功能
南京大学	“Subject+学科知识服务”平台	该平台主要包括新闻库、机构库、文献库、专家库、专利库、法规库、数据库、词汇库、数据分析、我的信息库和我的文件夹11个模块，提供检索服务，支持资讯订阅服务，形成结合个人研究方向和关注领域的“个人资讯中心”，为科研人员提供科学数据和可定制的数据分析服务
复旦大学	自建学科服务网站	网站中的学科服务平台目前为空
哈尔滨工业大学	学科博客	13个学科
浙江大学	LibGuides	31条导引，人文科学3条，社会科学10条，自然科学8条，其他的为一些课程或科研实践导引等
南开大学	重点学科导航	
华中科技大学	图书馆学科服务平台和LibGuides	LibGuides平台有14条导引。功能模块包括馆藏资源导引、资源与服务推介、共享地带、图书荐购、学习社区等。学科服务平台是自建的学科网站，与LibGuides配合使用，目前的学科网站包括14个，其中链接LibGuides的有5个。其他的学科服务网站为网站博客。模块包括学术检索工具、电子数据库导航、与图书馆服务相关的博文，但很多没有持续更新，博文时间都比较早
东南大学	LibGuides	有24条导引，模块包括期刊、机构、热点、图书阅读与荐购、学习社区等
武汉大学	LibGuides和纬度	LibGuides版（构建了31个学科的服务平台）功能模块包括文献资源、学术机构、资源荐购、学习社区、期刊导航、学术资源可视化等。推荐的博客：很多该领域知名的博客。纬度版（3个学科的服务平台）功能模块包括学术动态、基金项目动态、会议预告、学科期刊、免费资源、学术成果、专家学者、学科机构、学习社区、论文收录等
上海交通大学	LibGuides	平台中按院系（专业）划分学科指南，每个学科指南涵盖网络资源导航、馆藏资源指引、IC2创新支持/IC2人文拓展、学术热点追踪、资源荐购、学习社区等资源和服务内容。23个学科服务平台，9个专题指南。学科服务团队有12个团队
湖南大学	纬度	目前创建了7个学科。功能模块包括首页、学科简介、学科新闻、特色服务、学科文献、课程、会议、人物、案例、机构、竞争学科、科研平台、科研成果。纬度平台里面可以进行学科数据分析
中国人民大学	LibGuides	12条导引。更新到2018年1月

续表

学校名称	平台	平台功能
重庆大学	学院的数字图书馆	在每个学院数字图书馆的首页，会有可联系的学科馆员。服务内容：图书荐购、新生入馆培训、专业数据库使用培训等。学院的数字图书馆提供的服务包括一些访问的数据统计、资源统计、期刊推荐、本院最新成果、课程文献中心/科研专题资源库、专业数据库、本院必读、读者借阅排行
东北大学	LibGuides 和 CALIS 重点学科导航	平台无法访问
北京师范大学	自建学科服务平台	学科资源、教学支持、科研支持、博客。 博客里涉及资源动态、学科资讯、常见问题、讲座培训
同济大学	LibGuides 平台+自建平台	7 个平台：4 个 LibGuids 平台、3 个自建数据库。LibGuides 平台有 10 条导引，更新至 2018 年 1 月
中南大学	维度	3 个学科。功能模块包括首页、学科动态、会议预告、学科分析、学科期刊、免费资源、学术成果、专家学者、学科机构、学习社区
国防科技大学	Subject+	该平台对学科相关数据进行分类与展示，提供包括学者中文成果、外文成果、个人简介、合作作者、研究方向等多个角度的数据，同时提供机构信息，并提供对应文献的全文链接服务
华东师范大学	学科博客	12 个学科服务团队，11 个学科博客

数据获取时间：2019-06-15。

5.3.2 “985”高校图书馆学科服务平台的选择

5.3.2.1 LibGuides 平台

在 2018 年对我国使用 LibGuides 平台的高校图书馆的统计中，有 39 所高校或学术性图书馆使用 LibGuides 平台。从各高校图书馆的主页上进行调查，可以发现部分高校图书馆主页更新后不再有 LibGuides 平台，一部分高校图书馆还有 LibGuides 学科服务平台，但很多已不再更新，基本闲置。LIbGuides 平台在我国的使用效果并不是很好。

5.3.2.2 学科服务+社会化媒体工具

学科博客和微信是常见的社会化媒体工具。学科博客出现的比较早，微信学科服务较少。例如，华中科技大学的学科服务平台是 LibGuides 平台和学科博客，学科博客的主要功能是推广学科信息或资源。但是从其博文更新的时间上看，很多已经停止更新，实际的使用效果和可持续发展效果并不好。微信与学科服务的结合使用，以厦门大学图书馆为例。厦门大学图书馆推出“微信+学科主页”的服务模式，目的是以微信公众号为纽带，最终把学科馆员、用户和知识资源联系起来。

5.3.2.3 自建平台

自建平台即利用网页设计技术或借助开源系统软件进行二次开发建立的信息门户网站，如哈尔滨工业大学图书馆 2010 年开发的哈工大学科博客；同济大学图书馆建立的建筑信息门户网站，依托的是 EmpireCMS，属于“开源”的内容管理系统。该平台的导航包括新闻、网络导航、网络资源、教学辅导、文献检索、信息服务、建筑科技与市场，功能模块包括最后更新、推荐资讯、常用数据库、热门点击、下载更新、热门评论文章、站内搜索等。

5.3.2.4 依托于运营商的专业第三方学科服务平台

国内比较常见的第三方学科服务平台包括纬度学科服务平台、江苏宝和数据股份有限公司的“Subject+学科知识服务”平台、维普图书馆学科服务平台。从调查的数据来看，各个学科服务平台都有其客户。从创立时间上看，LibGuides 平台是 2007 年创立的，创立最早；维普的学科服务平台是 2009 年创立的；纬度学科服务平台是 2012 年创立的。从功能设计上看，LibGuides 平台需要学科馆员自己维护和添加内容，而其他的几个第三方平台是托管型的，由企业维护该平台的运营。从功能模块上看，“Subject+学知识科服务”平台包括查收查引、科技查新、学科资源库和投稿指南。其中，学科资源库是对特定学科的信息资源进行收集和组织，推广给相关用户，包括特定学科的学者、机构、成果、学术会议、基金项目等资源。纬度学科服务平台功能模块包括首页、学科动态、会议预告、学科分析、学科期刊、免费资源、学术成果、专家学者、学科机构、学习社区等。维普的学科服务平台的功能模块包括学科主页、专家学者、学术机构、热点主题、重要期刊、经典文献等，提供导航检索、订阅、关注与粉丝等。

5.3.2.5 综合性的学科资源导航库

综合性的学科资源导航库，如中国高等教育文献保障系统（CALIS）重点学科网络导航门户。CALIS在“九五”期间启动了“重点学科网络资源导航库”（以下简称“导航库”）项目，目的是将因特网中相关重点学科的最优秀的网站信息提供给读者，帮助高校科研人员快速、准确地获取所需的相关权威机构、出版物、专家、学术动态等信息。该项目由上海交通大学牵头承建，共有48个图书馆参加，完成了217个重点学科的“导航库”建设，基本覆盖了我国高校主要重点学科，目前数据库初具规模，为相应重点学科的教学和科研工作提供了较大的帮助。

5.4 结论和建议

（1）LibGuides平台在国内外应用广泛。从调查的结果可以看出，在被调查的44所国外的高校图书馆中，有36所高校图书馆使用的是LibGuides学科服务平台；在中国的39所“985”高校中，有10所高校图书馆使用了LibGuides学科服务平台。但整体上看，LibGuides学科服务平台在英、美国家的使用率比较高，学科服务导航检索设置也方便，使用效果也相对较好。例如，美国纽约大学图书馆的学科指南，导航检索设置比较人性化，既可以根据学科馆员检索相应的学科指导，也可以根据学科寻找相应的学科指南，目前纽约大学图书馆的学科指南还在持续更新中，访问效果也不错。在中国，刚开始引入LibGuides时，各高校图书馆使用率还比较高，但一段时间后使用数量出现下滑趋势，各高校图书馆的学科服务导引数量也在逐渐减少，且没有持续更新。笔者曾调查研究过LibGuides平台在国内的应用效果，调查结果表明国内高校图书馆创建的指南数量较少，且使用效果并不理想，主要是由于宣传不到位及多种学科服务平台分流了用户。

（2）学科服务还停留在被动的咨询指导层面。通过调查国内外学科服务所属导航路径，发现学科服务指南存在于以下几个路径：一是帮助导航下，二是研究支持导航下，三是分层服务目录下，四是资源导航下。并且，国外的导引服务可以通过多路径获取，如学科指导既可通过服务路径找到，也可以在研究支持目录下找到，还可以在帮助或学科馆员的目录下找到。K. A. Pittsley 和 S. Memmott 曾做过研究，发现重复的菜单链接和对导航选项卡的改进可以改善学生独立使用复杂网站导航的效果。因此，多途径地获取学科服务导航可以改善学生使用该导航的效果。同时通过对路径和内容的分析，可知目前学科服务还多停留在被动的咨询指导层面，并将所有与指导相关的资源整合在了学科服务平台上，如怎样利用图书馆的资源指导、课程指导、一般指导以及科研数据管理指导等。

（3）国内学科服务平台使用更加多元化。我国在早期发展学科服务平台时，引入的是美国的 LibGuides 平台，在 2011 年左右国内使用 LibGuides 平台的高校图书馆比较普遍，但随着国内第三方学科服务平台的兴起，很多高校图书馆开始使用国内第三方学科服务平台，如 LDSP、纬度、“Subject+”等。

（4）国外学科服务平台中指导的类型更加丰富。国外的学者也曾探讨过开发 LibGuides 平台更多的功能，拓展其在其他方面的应用。Griffin 和 Lewis 探讨了 LibGuides 在特色收藏库中的创新使用，并评估了其使用效果；Erb 等以科罗拉多州立大学的经验为例，提供了另一种使用 LibGuides 的方式，即将 LibGuides 应用于虚拟教学，可以有效地支持电子资源的访问并使图书馆资源得到更多的利用。同时，笔者通过调查发现，国外使用学科服务平台创建的导引类型不仅仅包括学科指导，还包括课程指导、主题指导、帮助指导和一般指导等类型，甚至包括科研数据管理的相关指导和培训指导。将所有与指导相关的资源和内容都整合在一个平台上，尽可能地通过该学科服务平台将资源共享给不同用户。国内学科服务平台导引的类型主要是学科指导，类型相对比较单一，并没有充分地发挥好学科服务平台的功能。因此，国内的学科服务应该充分利用学科服务平台的功能创建不同类型的学科指南，有针对性地为不同层次的用户提供不同层次的服务。

（5）更多的学科服务平台工具涌现。借助学科服务平台使学科服务向更主动、更智慧的方向发展，并加强宣传以提高指南的可见性，提高使用效率。除了自建网站，LibGuides 平台、学科博客和第三方学科服务平台之外，学者一直在探索能够提高学科服务质量和效率的渠道和方法。例如，将热门的营销工具和方法嵌入学科服务中，将被动的学科服务转变为主动的学科服务，有针对性地为用户提供服务。另外，在国内学科服务效率较低的原因之一是宣传不到位，创建的指南可见性低。Brown 以南卡罗来纳大学图书馆的 LibGuides 使用为例，对学生使用 LibGuides 的情况进行了一项调查，调查中发现大部分学生访问 LibGuides 是 1 ~5 次或从不，且很多学生表示不知道 LibGuides 的存在或不知道怎么使用 LibGuides，或不知道如何浏览指南或无法找到指南。因此，如果要提高学科服务平台的使用效率，就需要使用户能够充分了解该学科服务平台的作用。

[参考文献]

[1] GASTON R. The changing role of the subject librarian, with a particular focus on UK developments, examined through a review of the literature [J]. New review of academic librarianship, 2001, 7 (1): 19-36.

[2] GLASSMAN N R, SORENSEN K. From pathfinders to subject guides: One library's experience with libguides [J]. Journal of electronic resources in medical libraries, 2010, 7 (4): 281-291.

[3] GARRITANO J R. Using libguides to enhance large-enrollment chemistry lab courses [J]. [C] //abstracts of papers of the American chemical society. 1155 16TH ST, NW, WASHINGTON, DC 20036 USA: AMER CHEMICAL SOC, 2012, 243.

[4] FRANCIS M . Using libguides to enhance library services: A LITA guide [J]. The Australian library journal, 2014, 63 (2): 187-188.

[5] 董同强，马秀峰. 融合与重构：一流学科建设中高校图书馆智慧型学科服务平台的设计 [J]. 国家图书馆学刊，2019 (3)：54-62.

[6] 刘景亮，于海涛，裴丽，等. 基于 Hadoop2. 0+Html5 技术的学科服务平台设计与实现：以黑龙江中医药大学为例 [J]. 图书馆学研究，2018 (21)：58-62，75.

[7] 李书宁. 985 高校图书馆学科服务平台建设情况调查与分析 [J]. 图书与情报，2015 (4)：71-76.

[8] 祝小静. LibGuides 学科服务平台建设与维护机制的探讨：基于中国人民大学图书馆实践 [J]. 图书馆学研究，2013 (22)：90-94.

[9] LibGuides Community. Find institutions [EB/OL]. [2019-06-17]. https：//community. libguides. com/? action=1.

[10] 李剑，陈俊杰，张广钦，等. 基于“微信+学科主页”的学科服务探讨：以厦门大学为例 [J]. 大学图书馆学报，2017，35 (2)：69-74.

[11] 学科博客 [EB/OL]. [2019-06-15]. http：//www. lib. hit. edu. cn/aggregator/sources.

[12] 建筑信息门户 [EB/OL]. [2019-06-15]. http：//dl9. lib. tongji. edu. cn：8003/agate/.

[13] Subject+学科服务平台 [EB/OL]. [2019-06-15]. http：//lib. casdc. com/subject. html.

[14] 李志芳. 国内高校图书馆 LibGuides 学科服务平台应用效果调查研究 [J]. 图书馆学研究，2017 (20)：51-62.

[15] PITTSLEY K A，MEMMOTT S. Improving independent student navigation of complex educational web sites：An analysis of two navigation design changes in libGuides [J]. Information technology and libraries，2012，31 (3)：52-64.

[16] GRIFFIN M，LEWIS B. Transforming special collections through innovative uses for libGuides [J]. Collection building，2011，30 (1)：5-10.

[17] ERB R A，ERB B. Leveraging the libguides platform for electronic re-

sources access assistance [J]. Journal of electronic resources librarianship, 2014, 26 (3): 170-189.

[18] BROWN K W. Using student feedback to improve course specific libGuides content [J]. LOEX conference proceedings, 2009 (4): 41-44.

[19] 李志芳. 国内外高校图书馆学科服务平台选择对比研究 [J]. 图书馆学研究, 2019 (19): 62-70.

6　LibGuides 平台中图书情报学科的指南创建

截至 2019 年 8 月 29 日，在 LibGuides Community 中注册使用 LibGuides 平台的有 94 个国家，5422 家机构，447812 名图书馆员，共创建 698925 条导引。① 图书馆员利用这个平台可以轻松地创建与学科服务或图书馆指南相关的内容，并且可以利用这个平台轻松地分享这些信息。这个平台为图书馆提供了一个发布相关信息、宣传图书馆知识、汇总学科资料的地方，有利于学科服务的发展。在 LibGuides 平台中创建的指南导引是开放的，在 LibGuides Community 中都可以找到，这是非常宝贵的开放资源，很多学科的相关资源都可以在这里找到，这对于科研的发展和科学资料的共享传播有着重要意义。在 LIbGuides 平台中，各个使用该平台的高校图书馆创建了很多与图书情报学科相关的资源，在国内调查中发现，国内使用 LibGuides 平台的效果并不好，创建的指南也不多，关于图书情报学科的指南就更少了。使用 LibGuides 平台最多的国家是美国，使用效果最好的也是美国的高校。因此，本章对 LibGuides Community 中美国使用 LibGuides 平台的高校图书馆创建的有关图书情报学科的指南进行分析，为我国图书情报学科的学科服务提供借鉴和参考。

国内外已有对该平台的相关研究。国外的研究主要侧重于 LibGuides 平台的具体应用，研究内容包括：①LibGuides 平台的创新应用。如在图书馆服务中的应用，在某一学科中的应用等。Jeffrey M. Mortimore、Ruth L. Baker 将 LibGuides CMS 应用于远程学习环境中支持以学生为主导创建内

① LibGuides Community. LibGuides [EB/OL]. [2019-08-29]. https://community. libguides. com/.

容。②LibGuides平台的应用效果和影响。例如，Siviwe Bangani、Veliswa Tshetsha研究了LibGuides平台在南非公立大学的发展和影响。③对LibGuides平台的内容进行分析。例如，Melanie Griffin、Tomaro I. Taylor基于统计分析的方法，对LibGuides的相关内容进行分析，研究LibGuides的功能、使用和设计标准，作者认为这些标准可以让我们战略性地考虑图书馆员应该如何及为什么创建LibGuides。Elizabeth German对LibGuides平台中有关医师助理专业的导引进行分析，以确定最常用的推荐资源。国内的研究内容主要包括：①如何利用该平台提高本机构图书馆的学科服务水平。例如，梁正华、张长恒研究了将LibGuides平台嵌入信息检索课网络教学系统中，创建该课程的课程指南，包括一些功能性设置、教材教参、精品课程、网络课堂、书刊查询、查找资源、文献服务、校外访问8个模块，扩展了图书馆的服务。②该平台在国内外高校图书馆中使用的差异性研究。例如，傅天珍、郑江平从创建理念、内容和主体三个方面研究了国内外LibGuides平台的应用差异。③研究该平台中共享的学科资源，国内学者盛东方研究了国内高校图书馆LibGuides平台中关于图书情报学科的导引建设情况，发现一般的导引资源类型包括期刊、图书、数据库、检索工具、机构、博客、网络资源、网络课程等。④对该平台的设计研究。马芳珍研究了20所国外大学图书馆LibGuides平台的学科导航，发现LibGuides平台中的导航设置一般为A~Z列表导航、学科指南、课程指南、研究指南等。

6.1 美国学术图书馆LibGuides平台的使用

在LibGuides Community中进行检索，Location=“United States of America”，Library type=“Academic”，共检索到1740条记录。1740条记录的图书馆类型都是“Academic”，分布在美国不同的州，美国学术类型的图书馆使用LibGuides平台的州分布如表6-1所示。美国学术型图书馆共有1740个，分布在53个州，共创建指南369942条，平均每个学术图书馆大约创建 213 条指南。在表 6-1 中，机构数量指的是每个州使用 LibGuides 平台的学术图书馆的数量，导引数量指每个州的学术图书馆创建的导引的数量。相对于国内来说，美国 LibGuides 平台中创建指南的数量明显要多，这与 LibGuides 平台是其主流学科服务平台有关，其使用效率和方式可以参考。本节调查了美国学术图书馆使用 LibGuides 平台的州分布情况，包括每个州使用 LibGuides 平台的机构数量、导引数量和平均导引数量，发现美国各州使用该平台的分布还是比较均匀的，大部分的学术型图书馆使用了该平台，并持续使用，保持了学科服务能力的持续性。

表 6-1 美国学术类型的图书馆使用 LibGuides 平台的州分布情况

名称	机构数量/家	导引数量/条	名称	机构数量/家	导引数量/条	名称	机构数量/家	导引数量/条
亚拉巴马州	31	5616	阿拉斯加州	3	698	亚利桑那州	19	4236
阿肯色州	17	2441	加利福尼亚州	165	30266	科罗拉多州	28	4783
康涅狄格州	21	5294	特拉华州	4	1573	哥伦比亚特区	14	3369
佛罗里达州	64	18799	佐治亚州	44	10517	夏威夷州	11	2523
爱达荷州	9	842	伊利诺伊州	79	15352	印第安纳州	29	8299
艾奥瓦州	21	4168	堪萨斯州	21	3149	肯塔基州	31	6838
路易斯安那州	25	3753	缅因州	14	2729	马里兰州	37	6088
马萨诸塞州	69	20411	密歇根州	47	10979	明尼苏达州	35	13855
密西西比河州	11	1196	密苏里州	43	7940	蒙大拿州	9	894
内布拉斯加州	13	2022	内华达州	8	1821	新罕布什尔州	11	1988
新泽西州	29	7642	新墨西哥州	10	1103	纽约州	141	27032
北卡罗来纳州	75	13645	北达科他州	5	700	俄亥俄州	66	14526
俄克拉何马州	17	3208	俄勒冈州	24	5468	宾夕法尼亚州	88	21704
波多黎各自由邦	6	197	罗得岛州	8	2537	南卡罗来纳州	35	6865
南达科他州	6	941	田纳西州	37	7254	得克萨斯州	104	20172
犹他州	6	1725	佛蒙特州	11	2144	弗吉尼亚州	55	11413
华盛顿州	36	10486	西弗吉尼亚州	9	1103	威斯康星州	35	7057
怀俄明州	4	581						

数据获取时间：2019-08-20。

1740 个学术图书馆中有 1011 个机构使用了 LibGuides CMS，729 个没有使用 LibGuides CMS。LibGuides CMS 是 LibGuides 的升级版，扩展了 LibGuides 平台的基本功能，为图书馆提供了一个全面的易于使用的内容管理平台。它可以管理大量的内容，是功能更强大的图书馆网站，构建基于云的员工内部网，在课程管理中整合图书馆资源，展示展品、档案和特别收藏，促进跨部门协作。表 6-2 展示了指南数量大于等于 1000 条的学术图书馆的情况。排名前 100 的学术图书馆有 10 所未使用 LibGuides CMS，其他 90 所都使用了 LibGuides 平台的升级版。创建指南最多的是明尼苏达州的瓦尔登大学，共创建 5499 条导引。有 24 所机构虽然使用了 LibGuides 平台，但并未创建任何导引，导引数量为 0。由此看出，LibGuides 平台在不同学校的使用效果其实是有差异的。

表 6-2　美国学术图书馆创建指南数量大于等于 1000 条的使用 LibGuides 平台的情况

名称	是否使用 LibGuides CMS	所属地区	指南数量/条
瓦尔登大学	是	明尼苏达州	5499
华盛顿大学	是	华盛顿州	2632
康奈尔大学	是	纽约州	2223
哈佛图书馆	是	马萨诸塞州	2138
伊利诺伊大学厄本那香槟分校	是	伊利诺伊州	2127
密歇根州立大学图书馆	是	密歇根州	1854
加利福尼亚大学洛杉矶分校图书馆	是	加利福尼亚州	1738
密苏里大学图书馆	是	密苏里州	1688
麻州大学洛厄尔分校	是	马萨诸塞州	1668
北卡罗来纳大学教堂山分校	是	北卡罗来纳州	1664
加利福尼亚大学伯克利分校	是	加利福尼亚州	1635
宾夕法尼亚大学图书馆	是	宾夕法尼亚州	1489
埃默里大学图书馆	是	佐治亚州	1427
俄亥俄州立大学	是	俄亥俄州	1387
宾夕法尼亚州立大学	是	宾夕法尼亚州	1367
克莱蒙特学院图书馆	是	加利福尼亚州	1331

续表

名称	是否使用 LibGuides CMS	所属地区	指南数量/条
宾州三校联盟图书馆	是	宾夕法尼亚州	1326
罗格斯大学	是	新泽西州	1277
杜克大学		北卡罗来纳州	1261
古斯塔夫斯阿道夫学院		明尼苏达州	1253
德堡大学图书馆	是	印第安纳州	1242
乔治亚高地学院	是	佐治亚州	1241
中佛罗里达大学图书馆	是	佛罗里达州	1237
伯里亚学院	是	肯塔基州	1172
范德堡大学	是	田纳西州	1172
匹兹堡大学	是	宾夕法尼亚州	1163
乔治亚州立大学	是	佐治亚州	1132
波士顿大学	是	马萨诸塞州	1124
佛罗里达大学	是	佛罗里达州	1123
常春藤技术社区学院	是	印第安纳州	1081
得克萨斯州立大学	是	得克萨斯州	1077
佛蒙特大学图书馆	是	佛蒙特州	1074
路易斯威尔大学	是	肯塔基州	1070
哈里斯堡地区社区学院	是	宾夕法尼亚州	1053
水牛城大学	是	纽约州	1033
南方大学	是	田纳西州	1022
诺瓦东南大学	是	佛罗里达州	1004

数据获取时间：2019-08-20。

6.2 美国学术图书馆 LibGuides 中图情学科指南分析

本节主要研究美国学术图书馆在 LibGuides 平台中发布的有关图情学科的相关指南，分析这些指南的创建情况，并分析其导航设置和内容推荐，确定美国学术图书馆在 LibGuides 平台中发布的有图情学科指南的推荐资源列表。

6.2.1 图情学科指南创建的内容、层次及方式

在 LibGuides Community 中，笔者对美国学术类型图书馆导引数量排名前 100 的机构进行数据收集，其中有 2 所机构的网址打不开，分别是普吉特湾大学和迈阿密达德学院。发现其发布的与图情学科相关的指南主要分为以下几个层次：①明确在学科指南中发布有图书馆和信息科学、图书馆科学或信息科学的指南，并创建了相关课程或其他类型的导引。100 所学术型图书馆中有 25 所明确在学科指南中发布有图书馆和信息科学的指南。②发布有与图书馆和信息科学相关的学科指南，如开放获取指南、学术交流指南、图书馆政策指南、信息系统和技术、信息素养等。这些属于图情学科的研究分支。在本章的研究中，只是将学科指南中发布的图情学科指南进行分析，并没有包括具体的研究分支。③发布了图书馆资源和服务使用指南。被调查的全部学术型图书馆都发布了相关的图书馆资源和服务使用指南。指南发布的方式有：①在学科指南中发布图书馆服务或图书馆资源指南；②发布独立的 How-to Guide 指南，在该指南中会发布指导型的导引，如如何使用图书馆的馆藏系统，如何使用文献管理工具，如何引用参考文献，如何认识索书号等；③在一般指南类型中发布使用图书馆资源和服务的指南。大多数学术型图书馆的指南类型分为学科指南、主题指南、课程指南和一般指南。而图书馆资源和服务的相关导引会发布在一般指南中。调查的美国学术图书馆 LibGuides 平台中图书情报科学指南的创建情况如表 6-3 所示。从表 6-3 中可知，100 所学术型图书馆在学科指南中明确有图情学科指南的有 25 所高校。所发布的图情指南主要内容为资源的推荐，包括数据库、期刊、网络资源、职业资源等。一般指南中会包括几个不同主题的导引，通常为：①与图书馆活动或新闻有关的导引，这种导引类似于新闻或通知；②与图情学科某一个研究方向相关的导引，如信息素养导引；③某一类图书馆资源和服务的导引，如文献管理工具使用的导引；④某一个技能或知识的解读导引，如 Rider University 发布的 ACRL 信

息素养框架的解读；⑤与图情学科相关的课程导引，如信息检索课程的导引等，将 LibGuides 指南的创建嵌入到课程学习中，借助于这个平台为该课程提供相关的资源。

表 6-3 美国学术图书馆 LibGuides 平台中图书情报科学指南的创建情况

名称	主要内容
华盛顿大学图书馆	查找文献、论文、书籍、网站资源、引文管理、学生服务
伊利诺伊大学厄本那香槟分校	26 条导引，包括部分课程导引、知识产权、版权说明等。有推荐的数据库和博客文章
密苏里大学图书馆	图书馆信息科学博客、新闻和网站推荐，学科数据库，参考来源，书籍，统计和工作资源，专业发展和组织，远程学习
加利福尼亚大学伯克利分校	2 条导引：信息研究和文本挖掘
埃默里大学图书馆	3 条导引：图书馆技术服务，教学，多样性、公平性和包容性——教育产品目录
罗格斯大学	7 条导引：信息和技术，图书馆与信息科学研究快速指南，图书馆和信息中心管理，MI 学生介绍，SC&I 博士生方向，SC&I 兼职讲师图书馆快速指南、剪贴簿和记忆保存、过去和现在的实践
水牛城大学	4 条导引：数字保存、ILAB 指南、图书馆科学、国家医学图书馆电话号码查看指南信息。图书馆学导引推荐的资源包括文献、书籍、论文、参考、计量、机构
南方大学	1 条导引：多种研究经验查看指南信息
纽约大学	7 条导引，涉及版权、数字化人文、信息理论、图书馆文档保存等
莫瑞州立大学	2 条导引：图书馆媒体库、数字共享指南
爱荷华大学	3 条导引：图书馆和信息科学、图书馆工作资源、课程指南高校图书馆
得克萨斯大学奥斯汀分校	5 条导引：HIHIT、图书馆和信息科学、元数据基础、使用 WinHTTrack 保存网络站点、青年文献
夏威夷大学马诺阿分校	6 条导引，其中 1 条为图书馆和信息科学研究指导，在该指导中推荐了相关书籍、文献、参考工具、引用、网络资源等。其中 3 条为课程导引
威斯康星大学麦迪逊分校	6 条导引：编目、儿童和青年文献研究指南、数字人文、图书馆和信息研究职业指南、定量研究和数据、图书馆和信息研究工具
北得克萨斯州大学	7 条导引，涉及信息素养指南、信息科学、职业发展等

续表

名称	主要内容
犹他大学	6 条导引：学术类书籍、出版合同、如何使用学术图书馆、LibGuides 最佳实践、硕士指南、元数据、参考咨询
科罗拉多大学博尔德分校	3 条导引：信息工具的设计和开发、信息的形式和组织、人类使用的信息
南加利福尼亚大学	2 条导引：学术图书馆职业和图书馆与信息科学指南。学术图书馆职业是关于优秀图书馆员、图书馆哲学等的内容
佛罗里达州立大学	5 条导引：信息技术、图书馆和信息研究、图书馆和技术工作、项目管理、iSchool 技术资源
丹佛大学	1 条图书馆和信息科学导引。导航包括数据库，期刊，字典、百科全书，书籍，研究与统计，就业资源，专业组织，名录，博客，大学图书馆研究与写作中心
阿拉巴马大学	图书馆和信息科学导引。推荐了相关的文献、在线资源、书籍和电子书、培训、引用和写作帮助、专业发展
佛罗里达国际大学	7 条导引。其中 1 个为图书馆和图书馆科学的导引。其他的为某一个主题，如 ACRL 信息素养框架、理解索书号
查尔斯顿学院	3 条导引，其中 1 个为课程导引
伊利诺伊州立大学米尔纳图书馆	推荐书目和电子书以及论文和期刊

数据获取时间：2019-08-22。

6.2.2 图情学科资源推荐的内容

6.2.2.1 资源推荐类型及数量

25 所高校图书馆的学科指南中明确有图书馆科学或图书馆与信息科学或信息科学的相关指南。根据 25 所高校创建的指南的详细内容，对其进行分析，确定其关于图情学科的资源推荐列表，并根据出现频次进行排序，确定最常推荐的资源列表。

经过数据的收集和统计，发现在 LibGuides 平台中图书情报科学的学科指南中推荐的资源类型包括数据库、书籍和电子书、期刊、学位论文、专业机构、网站、博客、职业资源、统计资源、参考资源、会议资源、新闻、学者、计量资源 14 类资源。经过统计，这 14 类资源的总量分别是

381、84、159、10、220、9、62、193、28、97、8、26、1、4，可知数据库资源是指南中推荐最多的资源，其次是专业机构、职业资源，期刊。数据库、书籍、期刊是指南中最常见的资源推荐类型，其他的类型在国内的推荐类型中比较少，如表 6-4 和表 6-5 所示。从两个表中可以看出，25 所高校的图情学科指南中所有高校都有推荐的数据库资源，其他的资源并不是所有高校都推荐，推荐的比较多的是书籍、期刊、专业机构、职业资源、参考资源等。最特别的是“职业资源”，职业资源常与专业发展联系在一起，在国外职业资源主要是教你如何认识自己的专业或职业，面试技巧，简历书写技巧，控制和构建自己的职业规划，管理和关系，求职网站或列表等，求职列表都是与图情学科相关的。职业资源的类型包括书籍、指导网站、求职网站，帮助学生将课堂上的知识转变为职场的技能，涉及工资资源、求职列表、网站笔记、面试技巧、求职简历、建议等。

统计中有很多高校图书馆的 LibGuides 指南中没有列出书籍或者很多推荐的数据库或期刊，但是会有关于如何在本馆的馆藏系统中查询相关书籍并指明该学科的索书号；对于期刊，有些学校会推荐部分重要的期刊或数据库，在指南中会附上所有期刊列表的链接文件，如密苏里大学图书馆推荐了 9 个数据库，但只有 1 个列表链接，内容为有关图书情报科学的相关期刊列表及收录的数据库，共有 546 种期刊。

表 6-4　美国学术图书馆 LibGuides 平台中图书情报科学指南的内容分析

名称	主要内容
华盛顿大学	查找文献中推荐了与图情学科相关的 12 个数据库资源及图书馆购买的数据库资源。书籍为图书馆的检索链接。论文为检索论文的技巧指南，且推荐了 3 个全球有关学术论文数据库。网络资源中推荐了图书馆和信息科学专业协会的相关资源，如美国图书馆协会、美国信息科学与技术协会；推荐了图书馆和信息科学的相关博客，如国会图书馆博客、图书馆与信息科学新闻等。引用管理是如何使用引用工具的指南，主要的引用工具包括 Zotero、Mendeley、Refworks、EndNote 等。为学生提供的服务是图书馆服务的相关指南
伊利诺伊大学厄本那香槟分校	推荐了 53 个相关的数据库，2 个最优数据库，分别为 INSPEC 和 Library and Information Science Source

续表

名称	主要内容
密苏里大学图书馆	学科新闻是关于图书馆期刊的一些新闻，图书馆科学的博客推荐了 3 个，分别是 LISNews（Librarian News）、ACRL Value of Academic Libraries Blog、Collection Connection；相关的网站推荐了 3 个，分别是 Internet Library for Librarians、Library Masters、Institute of Museum and Library Services。学科数据库中推荐了一些数据库资源，优先推荐了 ERIC、Library Literature and Information Science Full Text 等资源。参考来源推荐了一些在线的参考源和打印的参考源。书籍推荐了一些可以找到相关书籍的来源。专业发展机构推荐了一些会议、校园组织和专业机构，如 ALA。远程学习为学生提供了一些远程学习的资源
加利福尼亚大学伯克利分校	推荐了 44 个数据库，优先推荐了 4 个，分别是 ACM Digital Library、INSPEC、LISA、LinkedIn Learning
埃默里大学图书馆	学科的资源推荐有 8 个数据库，其中包括 LISA、Journal Citation Reports、LISTA（Library，Information Science & Technology Abstracts）、Literary Research Guide 等。推荐了 1 个博客：The Differences between MARC and Non-MARC Metadata
罗格斯大学	在图书馆与信息科学研究快速指南导引中，推荐了书籍、文献、数据库、在线期刊、引用管理、教程。推荐了最常用的几个 LIS 学科的数据库：ACM Digital Library、ASIS&T Digtal Library、ERIC-Education Resources Information Center、Library and Information Science Abstracts（LISA）、Library Literature & Information Science、Science Direct、Scopus、Wiley Online Library
水牛城大学	文献推荐了 LIS 学者、期刊文献的主要来源、引用管理；机构推荐了 AASL、ALA、CLA、CLIR、IFLA 等
南方大学	推荐了 5 个数据库，优先推荐了 3 个，分别是 Information Science（Gale OneFile）、Library Literature & Information Science Full Text（H. W. Wilson）及 LISTA（Library，Information Science & Technology Abstracts）
纽约大学	推荐的数据库有 17 个，优先推荐了 8 个，分别是 Book History Online、Global Books in Print（Bowker）、Library & Information Science Source（EBSCO）、LISA（Library and Information Science Abstracts、SpringerLink）、Taylor and Francis Online、Ulrichsweb、FirstSearch-WorldCat
莫瑞州立大学	推荐了 1 个数据库：Professional Development Collection

续表

名称	主要内容
爱荷华大学	推荐了 5 个数据库，分别是 Emerald Library、Library and Information Science Abstracts（LISA）、Library Literature and Information Science Full Text、LISTA（Library，Information Science and Technology Abstracts）、Restricted Resource School Library Connection & ReVIEWS+。图书馆和信息科学导引还推荐了一些具体的资源：LISA、LISTA 及其他核心资源如 Academic Search Elite 、ACM Digital Library、Education Source、ERIC、IEEExplore、LexisNexis Academic、Scopus；推荐的机构和博客包括 AALL、AILA、ALA、AMIA、ASIS&T、ARL、UK、IFLA 等；博客包括一般的博客、学术图书馆的博客、公共图书馆博客、健康科学图书馆博客、信息技术相关博客及其他博客等
得克萨斯大学奥斯汀分校	推荐了 17 个数据库：ACM（Association for Computing Machinery）Digital Library、Book Review Digest Plus、Cabell's Directories：Education Set、Children's Literature Comprehensive Database、Emerald Insight、ERIC、Information Science & Technology Abstracts、INSPEC、Library & Information Science Source、LISTA（Library，Information Science & Technology Abstracts）等。在图书馆与信息科学的导引中推荐了机构、高影响力期刊、书籍等。其中，高影响力期刊包括 *MIS Quarterly*、*Journal of Information Technology Teaching Cases*、*Journal of Computer-Mediated Communication*，*JCMC*、*Journal of the American Medical Informatics Association*、*Information Systems Management*、*Journal of Management Information Systems* 等
夏威夷大学马诺阿分校	推荐了 12 个数据库资源和 4 个博客资源。数据库包括 Dissertations & Theses、E-LIS（E-prints in Library and Information Science）、Emerald Insight、ERIC、Google Scholar、LISTA（Library，Information Science & Technology Abstracts）、NoveList、OneSearch Manoa、Project Muse、Web of Science。4 个博客资源包括 ADA compliance requirements for the UHM websites、UHM Library New Website、Access to Library's Special / Rare / Closed materials、Away from Hawaii？Please read BEFORE you go！但这 4 个博客站点是图书馆员发表的与图书馆相关的通知
威斯康星大学麦迪逊分校	6 条导引中每个主题都有相关的资源介绍和推荐
北得克萨斯州大学	推荐了 41 个数据库和 2 个博客。LISA（Library & Information Sciences Abstracts）、Academic Search Complete、EBSCOhost、Information Science & Technology Abstracts、Library & Information Science Source 等。其中，信息科学导引中推荐了期刊、书籍、数据库、机构等资源。相关组织和机构包括 AALL、AASL、ALA、IFLA、ACRL 等，都是图书馆协会。同时也提供了一些职业资源，包括求职列表、工资资源、面试技巧等
犹他大学	推荐了 4 个数据库，分别是 CiteSeerX（CiteSeerX 提供算法、数据、元数据、服务、技术和软件等资源，这些资源可用于推广其他数字图书馆）、NLM Technical Bulletin、MEDLINE PubMed（NLM）、PubMed

续表

名称	主要内容
科罗拉多大学博尔德分校	推荐的数据库包括 ACM Digital Library 、ARL Publications 、Communication & Mass Media Complete（EBSCO）、Computers & Applied Sciences Complete（EBSCO）、ERIC（Proquest）、Hein Online 、IBSS International Bibliography of the Social Sciences（ProQuest）、IEEE/IET Electronic Library 、INSPEC 、LISTA（Library, Information Science & Technology Abstracts）with Full Text（EBSCO）、LISA（Library & Information Sciences Abstracts）（ProQuest）、SAGE Research Methods Online 、Web of Science
南加利福尼亚大学	推荐了 1 个数据库：Rarebooks（提供有关稀有书籍的综合书目）。在图书馆和信息科学导引中推荐的相关资源比较多，包括书籍、期刊、电子书、专业发展、专业机构、图书馆术语、图书馆职业、引用。推荐的数据库包括 Library & Information Science Source（EBSCO）、Library & Information Sciences Abstracts（LISA）、ProQuest、Gale Information Science and Library Issues Collection、Informed Librarian Online、Google Scholar 等；推荐的书籍和电子书的年份也比较新，有推荐书目的列表；推荐的期刊包括 *College & Research Libraries*、*Journal of Academic Librarianship*、*Library and Information Research*、*Library Management*、*Library Quarterly* 等。专业机构包括 AALL、AASL、ACRL、ALA、ALCTS 等有关的图书馆协会。图书馆工作提供了 LIS 工作网站，以及搜索相关工作时可用的关键词
佛罗里达州立大学	每个导引都提供了相关的资源列表。其中图书馆和信息科学导引提供的数据库资源包括 Library Literature and Information Full Text、Academic Search Complete、Expanded Academic ASAP、IEEE Xplore、ACM Digital Library、ERIC（First Search）等；期刊包括 *Journal of Information Science*、*Journal of the American Society for Information Science and Technology*、*Library & Information Science Research*、*College & Research Libraries*、*Journal of Academic Librarianship*、*Library Trends* 等；推荐了一些网络资源是国会图书馆新闻；推荐的一般专业机构包括 American Library Association、Association for Information Science & Technology；还推荐了一些特殊专业机构。图书馆和技术工作导引中提供了有关求职过程的各方面信息，列出了各种工作列表
丹佛大学	推荐的数据库包括 Academic Search Complete、ACM Digital Library、Cabell's Directory-Educational Set、Computer & Information Systems Abstracts、Emerald Insight、ERIC（ProQuest）、Google Scholar、IEEE Xplore、Library and Information Science Abstracts（LISA）、Library Literature & Information Science Full Text and Retrospective（H. W. Wilson）、Library, Information Science & Technology Abstracts（LISTA）with Full Text 等；推荐的期刊包括 *American Libraries*、*Library & Information Science Research*、*Library Journal*、*The Library Quarterly*、*Library Hi Tech* 等。就业信息推荐了一些网站：ALA JobLIST、Idealist、INALJ（I Need a Library Job）、Library Jobline、LIS Jobs 等。推荐的博客包括 Colorado Libraries、LRS（Library Research Service）Blog、Librarian. net 等

续表

名称	主要内容
阿拉巴马大学	推荐的数据库有一个列表，包括 ALA Techsource、ERIC EBSCOhost、JSTOR、LISTA（Library，Information Science & Technology Abstracts）、Library Literature & Information Science Full Text（H. W. Wilson）、Library Literature & Information Science Retrospective：1905-1983（H. W. Wilson）、Children's Literature Comprehensive Database 等。网络资源包括 ACRL（Association of College & Research Libraries）Academic Library Statistics、ARL（Association of Research Libraries）Statistics、LRS（Library Research Service）等。书籍包括 *Scout*、*WorldCat*。专业发展提供了一些职业发展和图书馆信息科学专业机构。职业发展提供了图书馆职业在线等一些相关的网站：ALA JobLIST、LibGigJobs、Library Jobline 等
坎贝尔大学	推荐了 16 个数据库，包括 ACM Digital Library、ProQuest Computer Science Database、Academic Search Complete、Cambridge Journals Online 等
查尔斯顿学院	推荐了 15 个数据库。优先推荐的为 American Reference Books Annual、Book Review Digest Plus（H. W. Wilson）、Library Literature & Information Science Full Text（H. W. Wilson）、LISTA（Library，Information Science & Technology Abstracts with Full Text）、WorldCat
佛罗里达国际大学	推荐了 5 个数据库，包括 Information Science & Library Issues Collection、Library Literature & Information Science Full Text（H. W. Wilson）、LISTA（Library，Information Science & Technology Abstracts）、LISA（Library and Information Science）、Digital Public Library of America
伊利诺伊州立大学米尔纳图书馆	推荐的书籍是关于如何搜索书籍的指南；推荐的文献和期刊包括大学图书馆学报之类的和学术图书馆期刊。其中，学术图书馆期刊包括 *Cataloging & Classification Quarterly*、*College & Research Libraries*、*College & Research Libraries News*、*College & Undergraduate Libraries*、*Journal of Academic Librarianship* 和 *Library Collections，Acquisitions，& Technical Services*、*Library Trends*。推荐的数据库包括 LISTA（Library，Information Science & Technology Abstracts）、Professional Development Collection、Academic Search Complete。其他有用的数据库包括 MAS Ultra School Edition、ERIC（EBSCO）、MasterFile 等

数据获取时间：2019-08-22。

表 6-5 美国 LibGuides 平台发布的有关图情学科的指南类型及数量

名称	导引	数据库	书籍	期刊	学位论文	网络资源			职业资源	统计资源	参考资源	会议资源	新闻	学者	计量资源
						专业机构	网站	博客							
华盛顿大学	0	14	√	0	3	6	0	4	0	0	0	0	0	0	0
伊利诺伊大学厄本那香槟分校	26	53	0	0	0	0	0	0	0	0	0	0	0	0	0

续表

名称	导引	数据库	书籍	期刊	学位论文	网络资源			职业资源	统计资源	参考资源	会议资源	新闻	学者	计量资源
						专业机构	网站	博客							
密苏里大学	0	9	3	0	0	28	3	3	16	4	10	8	3	0	0
加利福尼亚大学伯克利分校	13	3	5	0	0	0	0	0	0	8	0	0	0	0	0
埃默里大学	3	4	0	0	0	0	0	1	0	0	0	0	0	0	0
罗格斯大学	8	9	√	34	0	0	0	0	0	0	0	0	0	0	0
纽约州立大学布法罗分校	4	4	4	0	3	7	0	0	0	0	4	0	0	1	4
南方大学	1	5	0	0	0	0	0	0	0	0	0	0	0	0	0
纽约大学	7	17	0	0	0	0	0	0	0	0	0	0	0	0	0
莫瑞州立大学	2	2	0	0	0	0	0	0	0	0	0	0	0	0	0
爱荷华大学	3	12	√	√	0	30	0	32	0	0	0	0	0	0	0
得克萨斯大学奥斯汀分校	5	17	√	10	0	18	0	0	0	0	0	0	0	0	0
夏威夷大学马诺阿分校	6	17	4	0	2	24	0	0	0	0	20	0	0	0	0
威斯康星大学麦迪逊分校	6	18	0	0	0	0	0	0	68	0	0	0	0	0	0
北得克萨斯州大学	7	46	25	12	0	28	0	10	63	0	38	0	0	0	0
犹他大学	7	4	0	0	0	0	0	0	0	0	0	0	0	0	0
科罗拉多大学博尔得分校	3	19	0	0	0	0	0	0	0	0	0	0	0	0	0
南加利福尼亚大学	2	13	30	18	0	23	0	0	18	0	0	0	0	0	0
佛罗里达州立大学	5	12	7	40	2	16	0	0	6	0	3	0	13	0	0
丹佛大学	1	23	4	31	0	23	0	9	16	9	16	0	0	0	0
阿拉巴马大学	1	29	2	1	0	17	6	3	6	7	0	0	0	0	0
坎贝尔大学	7	16	0	0	0	0	0	0	0	0	0	0	0	0	0
查尔斯顿学院	3	15	0	0	0	0	0	0	0	0	0	0	0	0	0
佛罗里达国际大学	7	10	√	√	0	0	0	0	0	0	6	0	10	0	0

续表

名称	导引	数据库	书籍	期刊	学位论文	网络资源			职业资源	统计资源	参考资源	会议资源	新闻	学者	计量资源
						专业机构	网站	博客							
伊利诺伊州立大学米尔纳	0	10	√	13		0	0	0	0	0	0	0	0	0	0
总和	127	381	84	159	10	220	9	62	193	28	97	8	26	1	4

数据获取日期：2019-09-01。

注：√代表该指南中包括书籍查找的指南。

6.2.2.2 资源推荐的具体信息

（1）数据库推荐列表。通过对收集到的 381 条有关数据库资源的统计分析，经过数据去重，共得到 186 条数据库记录。根据其出现频次排序，将频次在 4（含）以上的数据库进行展示，可以发现美国 LibGuides 平台中高校图书馆对图书馆和信息科学常推荐的数据库资源列表，如表 6-6 所示。最常推荐的数据库为 ERIC、LISTA、LISA、ACM 等，且 LISTA、LISA、Library Literature and Information Science 等以 Library 开头的数据库经常都是推荐数据库中优先推荐的资源。

表 6-6 美国 LibGuides 平台中图情学科常见数据库推荐列表

数据库名称	频次	数据库名称	频次
ERIC（Education Resources Information Center）	23	Scopus	6
Library, Information Science and Technology Abstracts（LISTA）	17	Google Scholar	6
Library and Information Sciences Abstracts（LISA）	12	Emerald Insight	6
ACM（Association for Computing Machinery）Digital Library	11	Academic Search Complete	6
Library Literature and Information Science	10	Ulrichsweb	5
WorldCat	9	IEEEXplore	5
Web of Science	8	Springer Link	4

续表

数据库名称	频次	数据库名称	频次
Library and Information Science Source	7	NoveList	4
Professional Development Collection	4	JSTOR	4
Library Literature and Information Science Full Text and Retrospective (H. W. Wilson)	4	INSPEC	4
Book Review Digest Plus	5	EBSCOhost	4

（2）专业机构推荐列表。专业机构的资源是与图情学科相关的专业机构，如美国图书馆学会，或者我国的国家图书馆协会。共收集到220条数据，经过数据规范、去重、分类，共得到112条数据。根据其出现频次排序，将频次在3（含）以上的专业机构进行展示，可以发现美国LibGuides平台中高校图书馆对图书馆和信息科学常推荐的专业机构列表，如表6-7所示。ALA（美国图书馆协会）和SLA（专业图书馆协会）是最常推荐的图书馆专业机构。ALA是世界上最大的图书馆协会，其使命是为图书馆和信息服务以及图书馆职业的发展、推广和改进提供指导，以加强学习和保证所有人能够获取信息。在ALA网站上会公布一些图情会议或事件，代表着该学科的专业发展方向，能对该学科的学习者和科研者起到帮助作用。

表6-7　美国LibGuides平台中图情学科常见专业机构推荐列表

专业机构名称	频次	专业机构名称	频次
ALA (American Library Association)	10	ACRL (Association of College and Research Libraries)	4
SLA (Special Libraries Association)	10	ALCTS (Association for Library Collections & Technical Services)	4
MLA (Medical Library Association)	9	ALISE (Association for Library and Information Science Education)	4
IFLA (International Federation of Library Associations and Institutions)	9	ALSC (Association for Library Service to Children)	4
AASL (American Association of School Librarians)	8	LITA (Library and Information Technology Association)	4

续表

专业机构名称	频次	专业机构名称	频次
PLA（Public Library Association）	7	REFORMA（The National Association to Promote Library and Information Services to Latinos and the Spanish Speaking）	4
AALL（American Association of Law Libraries）	7	CLA（Canadian Library Association）	3
ASIS&T（American Society for Information Science and Technology）	5	CLIR（Council on Library and Information Resources）	3
MLA（Music Library Association）	5	NAGARA（National Association of Government Archives and Records Administrators）	3
RUSA（Reference and User Services Association）	5	SAA（Society of American Archivists）	3
YALSA（Young Adult Library Services Association）	5	—	—

（3）其他常见资源。职业资源是美国学术图书馆在 LibGuides 创建指南中常见的资源类型，与国内的资源推荐有所区别，统计的国内学术图书馆 LibGuides 平台中未见职业资源推荐。美国学术图书馆 LibGuides 平台推荐的常见职业资源包括网站，如 LIBJOBS、JobLIST、LISjobs. com；博客，如 Letters to a Young Librarian 、LIS Caareer 等；关于求职和面试的书籍，如 *The Librarian's Skillbook*、*Transitioning from Librarian to Middle Manager* 等。

参考资源推荐的一般是与图情学科相关的百科全书或字典，常见推荐的资源包括 Encyclopedia of Library and Infomation Science、American Library Directory、Dictionary of Information Science and Technology、Library Catalog 等。

在 LibGuides 平台中创建的图情学科推荐的期刊一般是影响力较大的期刊，经过数据分析，发现常推荐的期刊包括 *College & Research Libraries*、*Journal of Academic Librarianship*、*Library & Information Science Research*、*Reference Reviews* 等。

6.3 我国学术图书馆 LibGuides 平台的使用

笔者已发表的文献中有调查过 LibGuides 平台在我国高校图书馆中的使用效果，经过调查可以发现，LibGuides 学科服务平台在我国的使用效果逐渐下降。LibGuides 平台在中国最流行的时候是 2011 年。2010 年，上海交通大学首家引入该平台，2011 年，CALIS 项目三期建设资金支持了国内 50 家图书馆引入该平台。笔者经过调查，通过导引数量的变化、导引更新时间、访问数量、评论数量等几个方面分析，发现 LibGuides 平台在我国的应用效果并不佳，使用 LibGuides 平台的机构逐年减少，很多图书馆的指南并没有持续更新，更新时间停留在若干年前，访问数量和评论数量也不多。从表 6-8 中可见，目前出现在 LibGuides Community 列表中的我国学术图书馆只有 18 家，中国内地只有 8 家还在使用 LibGuides 学科服务平台，其中中央财经大学的导引数量为 0，导引数量最多的为香港中文大学（691 条），香港地区高校图书馆的导引数量比较多，内地高校图书馆的导引数量普遍比较少。使用 LibGuides CMS 平台的只有 5 所高校。通过对内地的 8 所高校进一步调查分析发现，中央财经大学的 LibGuides 平台没有投入使用，导引数量为 0；华东政法大学学科服务平台的学科为 14 个，包括 3 种导引类型：一般指导 9 条、课程指导 4 条、主题指导 1 条；Direkt 项目的 LibGuides 平台包括 3 个高校的指南，分别是北京理工大学、南京理工大学和西北工业大学各 6 条指南，包括 6 个学科；北京大学国际法学院的 LibGuides 平台涉及 3 个学科的指南，15 条导引；山西大学图书馆的学科服务平台有 8 个学科的导引，其中包括图书情报的相关指南，指南主要针对的学科为信息管理学，包括本校研究成果、图情类图书、图情类期刊和学习社区几个板块；南方科技大学图书馆的 LibGuides 平台有 9 条导引，其中学科指导有 8 条；西交利物浦大学图书馆的 LibGuides 平台有 15 个学科的指南，一般目的 18 条、主题指导 18 条、学科指导 20 条，其中有一组导引为关于图书馆的学习和研究支持指南，包括中国数据、EndNote、图书馆术语、图书馆借阅、图书馆图书获取、研究共享、研究支持、XJTLU 参考视图。

表 6-8 我国学术图书馆使用 LibGuides 平台的情况

机构名称	是否使用 LibGuides CMS	所在地区	导引数量/条
中央财经大学	否	北京市	0
香港城市大学	是	香港	208
华东政法大学	否	上海市	18
香港浸会大学	否	香港	193
香港科技大学	否	香港	265
香港专业教育学院	是	香港	58
兰州财经大学	否	兰州市	13
香港公开大学	否	香港	73
北京大学国际法学院	否	北京市	15
山西大学	否	太原市	10
南方科技大学	是	深圳市	9
香港中文大学	否	香港	691
香港中文大学（深圳）	否	香港	140
香港教育大学	是	香港	52
香港恒生大学	否	香港	7
香港理工大学	否	香港	168
西交利物浦大学	否	苏州市	123

数据获取时间：2019-08-20。

6.4 我国学术图书馆 LibGuides 中图情学科指南分析

本节内容主要分析我国学术图书馆在 LibGuides 平台中发布的图书情报科学的相关指南和导引，一是分析这些指南创建的情况，二是通过分析其具体的导航设置、内容等，确定我国学术图书馆在 LibGuides 平台发布的图情科学指南中常用的资源列表。

6.4.1 图情学科指南创建内容

目前 LibGuides 平台在我国高校图书馆学科服务平台构建使用中并不广泛，主要原因是国内第三方的学科服务平台的兴起以及高校图书馆自建的学科服务平台与 LibGuides 平台的用户分流。笔者曾对国内高校图书馆学科服务平台的使用情况进行分析，发现目前在国内流行的第三方学科服务平台包括维普的学科服务平台、“Subject+学科知识服务”平台、纬度学科服务平台等。本节对我国使用 LibGuides 平台的高校创建的指南类型和内容进行了调查和分析，发现创建图书情报科学指南的比较少，18 所高校里有 10 所高校创建了与图书馆相关的指南，但创建图书情报学科指南的只有 1 所，有些创建了与图书馆学科相关的学科指南，如学术交流学科、信息技术学科等。与图书馆资源和服务相关的指南属于一般指南类型，与图书情报科学相关的指南属于学科指南。一般指南中通常是图书馆的创建与如何使用图书馆资源和服务相关，主要内容包括：如何访问图书馆资源，如何使用图书馆服务、学术写作、版权、信息素养教育、文献管理软件的使用指南、图书馆空间使用指南、图书馆设备使用指南等；图书情报学科指南主要是与图书情报学科相关的指南，包括推荐与图情相关的书籍、期刊、网络资源等，数据科学，科研数据管理指南，学术交流，数据监护等。具体情况如表 6-9 所示。

表 6-9　我国学术图书馆 LibGuides 平台中图书情报科学的指南创建情况

机构名称	图情指南	指南类型	主要内容
香港城市大学	否	一般指南	使用图书馆指南、信息素养指南、在校生的图书馆资源和服务指南、校外访问的图书馆资源指南、图书馆账户指南、教学支持指南。其中，教学支持指南是为教师提供的一项指南，包括为教师提供课程资源、使用图书馆资源、图书馆信息技能、版权信息、引用来源

续表

机构名称	图情指南	指南类型	主要内容
香港浸会大学	否	学科指南/其他指南	图书馆学科只有一个指南，即版权。以问答类型来解释版权的相关问题，并分不同的服务群体有重点地解释版权的相关问题，服务群体包括教师、作者、学生、困惑者、想知道更多的人。对于困惑者提供版权术语的一些解释。在导航中设立了自测板块。其他的指南为图书馆指导型指南，包括信息素养在线课程、图书馆资源、引用来源、如何查看视频指南、图书馆在线教程、图书馆生存指南等
香港科技大学	否	学科指南/通识教育	图书馆术语；图书馆工具箱，提供了关于事实和数字、数据库、图书馆服务和研究指南的图书馆资源菜单；数据监护和管理工具箱
香港专业教育学院	否	一般指南	有信息技术学科的相关指南
LIT Direkt-China	否		学术写作、信息技能、文献综述、抄袭、参考、研究支持指南
香港公开大学	否	一般指南	图书馆服务的相关指南：避免抄袭、引文及列明出处、电子书使用指南、网上续借图书等
山西大学	是	学科指南/图书情报	包括本校研究成果、图情类图书、图情类期刊、学习社区，相关博客的推荐。其中，图情类期刊有核心期刊、SSCI 收录期刊、CSSCI 收录期刊的展示
香港中文大学	否	How-to Guides	关于图书馆资源和服务使用的指导，包括数据科学、寻找资源、利用软件工具、科研数据管理等
香港中文大学（深圳）	否	主题指导	免费的网络资源
香港理工大学	否	一般指南/学科指南	一般指南中包括图书馆资源和服务的导航；研究和学术交流指南包括计量、期刊影响、开放获取、ORCID、科研数据管理、研究可视化、研究人员、研究方法和统计分析资源、教学研究、研究档案、使用各种研究资源
西交利物浦大学	否	一般指南/主题指南	一般指南中包括图书馆资源和服务的导航，包括联系我们、获取图书馆资助、图书馆设备、图书馆空间等；主题指南包括与图书馆相关的2个指南，分别是图书馆书籍获取和图书馆信息素养教育

数据获取时间：2019-08-20。

6.4.2 图情学科指南推荐内容

通过对我国学术图书馆 LibGuides 平台中图书情报科学指南的具体内容进行分析，确定图情科学指南中发布的常用书籍资源类型、期刊资源类型以及网络资源类型等，以确定常用的推荐列表。具体如表 6-10 所示。从表 6-10 中可知，我国使用 LibGuides 平台的高校图书馆，一是发布的有关图情学科的指南比较少；二是在发布的有关图情学科的指南中直接与图情相关的推荐资源不多。中国香港的高校图书馆发布的有关图情学科的指南是与图情相关的研究内容的指南，如版权、学术交流、数据监护、科研数据管理等，这些研究方向是目前图情领域比较热门和流行的。山西大学发布了与图情学科有关的指南，在图情类图书推荐中有 2 个部分，一个为经典图书导读，是图情学科里比较经典的图书；另一个为亚马逊和当当网中有关图书馆学图书的排行榜。图情类期刊推荐了 SSCI 收录期刊列表、CSSCI 期刊列表、核心期刊列表、档案学类核心期刊列表等；学习社区推荐了在线课堂，如信息组织、信息检索等，MOOC 课堂，相关软件，直播等。

表 6-10 我国学术图书馆 LibGuides 平台中图书情报科学的指南内容分析

机构名称	主要内容
香港浸会大学	图书馆学科只有一个指南，即版权。该指南旨在简要介绍和回答常见的版权问题
香港科技大学	在一般教育学科中有 2 个关于图书馆的指南，分别是图书馆术语和图书馆工具箱。在图书馆术语指南中，以 A～Z 列表的形式列出了与图书馆学科相关的术语，如逻辑检索、索引、DOI 等；图书馆工具箱旨在为师生提供优质的信息资源，该指南指导师生如何使用这个工具
香港专业教育学院	有信息技术学科的相关指南，推荐的相关资源偏信息技术和软件方面。推荐的资源包括参考资料、流通资料、电子书、电子数据库、期刊、视频资料

续表

机构名称	主要内容
山西大学	在图情类图书推荐中有 2 个部分：一个为经典图书导读，是图情学科里比较经典的图书，分别为 Jesse 的图书馆科学概论、Jesse 的公共图书馆基础、Bostwick 的图书馆和社会；另一个为亚马逊和当当网中有关图书馆学图书的排行榜。图情类期刊推荐了 SSCI 收录期刊列表、CSSCI 期刊列表、核心期刊列表、档案学类核心期刊列表等；学习社区推荐了一些在线课堂，如信息组织、信息资源管理、信息检索等，MOOC 课堂，相关软件，直播等
香港中文大学	没有图书情报科学的指南，但有与其相关的数据科学和政策学习指南

数据获取时间：2019-08-20。

6.5 对我国学科服务平台中图情学科指南创建的启示和建议

（1）美国 LibGuides 平台创建的指南类型比较丰富，包括数据库、书籍和电子书、期刊、学位论文、专业机构、网站、博客、职业资源、统计资源、参考资源、会议资源、新闻、学者、计量资源等 14 类资源。其中，数据库是所有指南中都包含的资源类型，是最常见的推荐资源之一，推荐次数较多的图情学科的数据库为 ERIC、LISTA 和 LISA，且 LISTA 和 LISA 在资源推荐中常为优先推荐的数据库。我国目前仍在使用 LibGuides 平台的学术型图书馆只有 18 所，有图情学科指南的只有山西大学，其他学术型图书馆只有图书馆资源和服务使用指南。在资源类型的推荐上较单一，常见的推荐为数据库和书籍。资源推荐数量偏少且年代较为久远。国内指南创建的主要问题在于使用效率低下，没有与学校的教学和科研密切联系，因此陷入恶性循环。不管是否使用 LibGuides 平台，在学科指南的创建上我们都可以借鉴其资源推荐类型的目录和方式，开拓更多能够支持学校教学、科研工作的资源。

（2）一般图书馆指南创建较普遍，但图情学科的指南创建较少。从调查中可以发现，美国 LibGuides 平台中一般指南或 How-to 指南都创建有与图书馆资源和服务使用相关的导引，表明利用 LibGuiedes 平台宣传图书馆资源和服务及指导师生使用图书馆已非常普遍，这种现象在国内的学科服务中也较常见。一般的图书馆学科服务平台中都会有图书馆指南，但国内缺少图情学科指南的创建。

（3）职业资源的推荐是一个特色。调查中发现美国学术图书馆创建的图情指南中大部分包括职业资源类型，特别是针对图书馆员职业资源的推荐。此外，专业机构的推荐在美国 LibGuides 平台的指南创建中也非常常见，这些专业机构的新闻动态和活动常常代表着专业的发展方向，因此对图情学科专业机构的关注和了解，对把握学科动态有促进作用。常推荐的专业机构包括 ALA 和 SLA。国内对职业资源和专业机构的推荐比较缺乏，可以将国内有名的图书馆协会发布的相关资源进行推荐，如中国图书馆学会，中国图书馆学会每年会开展很多与学科发展相关的会议。另外，可以推荐国内有关图情学科职业发展相关的网络资源、博客资源或书籍资源，指导从事该学科相关职业或对该学科职业发展关注的人。例如，高校人才网，在该网站中可以按学科搜索职业列表，其中包括图书情报与档案管理。

（4）指南主题可以更细化，指南类型可以更多元化。美国 LibGuides 平台创建一个图情学科指南会包括多个不同主题的导引。例如，图书馆和信息科学指南会包括学术化交流的导引、信息素养的导引、引用工具的导引、开放获取的导引等，各种不同主题的导引会有独立的资源推荐目录。更细化的学科指南可以为该学科的不同研究方向的学者或学生提供指导资源。美国 LibGuides 平台的指南类型通常包括学科指南、课程指南、一般指南和主题指南。学科指南是按学科分类，课程指南是将 LibGuides 平台嵌入某个课程，为这个课程提供各种资源和指导；一般指南常为图书馆资源和服务使用的指南或无法归类到学科或课程的指南，多为指导性和操作性的指南；主题指南是为某一个主题提供的指南。国内的指南类型多为学科指南和一般指南，课程指南和主题指南偏少。如何将学科服务平台更好地嵌入到课程中，开发其新的功能和应用是提高其使用效果的路径之一。

[参考文献]

[1] LibGuides Community. LibGuides [EB/OL]. [2019-08-29]. https://community. libguides. com/.

[2] JEFFREY M M, RUTH L BAKER. Supporting student-led content creation in the distance learning environment with libguides CMS [J]. Journal of library & information services in distance learning, 2019, 13 (1/2).

[3] SIVIWE B, VELISWA T. The deployment and impact of libguides at public universities in South Africa [J]. International information & library review, 2019, 51 (2).

[4] MELANIE G, TOMARO I TAYLOR. Employing analytics to guide a data-driven review of libguides [J]. Journal of web librarianship, 2018, 12 (3).

[5] ELIZABETH G. LibGuides for instruction: a service design point of view from an academic library [J]. Reference & user services quarterly, 2017, 56 (3).

[6] 梁正华，张长恒. LibGuides 嵌入信息检索课网络教学系统的探索与实践 [J]. 图书情报工作，2015，59 (5)：76-81.

[7] 傅天珍，郑江平. 国内外 LibGuides 应用差异分析及启示 [J]. 图书情报工作，2013，57 (5)：61-65，93.

[8] 盛东方. 基于 LibGuides 的国内高校图书馆图书情报学科导引建设研究 [J]. 图书馆杂志，2017，36 (4)：63-70.

[9] 马芳珍. 基于 Libguides 平台的国外高校学科导航服务研究 [J]. 图书馆学研究，2014 (3)：89-93.

[10] Journals found in social science: library & information science [EB/OL]. [2019-09-01]. http://ew3dm6nd8c. search. serialssolutions. com/?V=1. 0&L=EW3DM6 ND8C&N=100&SS_ searchTypeJournal=yes&S=

SC&C=SO0136.

[11] About ALA [EB/OL].[2019-09-03]. http://www. ala. org/aboutala/.

[12] 李志芳. 国内高校图书馆 LibGuides 学科服务平台应用效果调查研究 [J]. 图书馆学研究，2017 (20)：51-62.

[13] 学科服务平台 [EB/OL].[2019-08-20]. http://sxu. cn. libguides. com/c. php? g=470323.

[14] 图书情报与档案管理 [EB/OL].[2019-09-01]. http://www. gaoxiaojob. com/zhaopin/xuqiuxueke/tushuguan_ qingbaoyuwenxianxue/.

7 高校图书馆的科研数据管理实践

科学数据是国家科技创新和经济社会发展的重要基础性战略资源，早在20世纪70年代，美国就开始注重数据共享和科学数据平台的建立。我国在20世纪末也建立了一些数据中心的试点，但是直到2008年国家项目产生了科学数据才要求汇交。我国在科学数据平台的建立方面已经取得了一些成就，形成了以专业部门为主、科研院所为补充的科学数据资源格局，但是资源类型单一，侧重于自然科学和工程技术科学等大科学领域，而在科研数据管理（Research Data Management，RDM）方面比较薄弱。在数字化学术、开放科学及数据密集型科学兴起的背景下，以及国家资助机构政策的要求和各组织机构数据意识提高的相互作用下，科研数据管理的研究和实践成为高校图书馆发展的一个必然趋势，其致力于发展科研数据管理服务，希望能够抓住机遇真正成为研究的合作者，而不再被看作一个"货物的仓库"。科研数据管理和服务并不在图书馆传统工作领域之内，但在大数据、网络化、数字化的环境下，数据的收集、存储、分析和利用变得简单，科研数据也越来越成为学术研究的重要组成部分。高校图书馆作为信息服务的媒介之一，在处理各类文献信息方面具有得天独厚的优势，具备数据管理和服务能力，开展科研数据服务对高校、社会和用户都具有重要意义。对研究人员来说，通过对数据进行有效地管理，可以实现数据的共享和重用。通过共享数据，可以增加引文数量、影响力和研究的可信度，提高研究数据的可见性，增加研究人员的协作机会。对于数据储存来说，可以实现数据的长期保存，最大限度地减少数据丢失，实现数据复用。数据的重新分析有助于验证研究结果，对其他学者也提供了帮助和参考，可以加快研究进程，有助于研究结果的健全性。数据共享使数据暴露在公众面前，从另一个角度来讲，科研数据管理成为防止不正当行为的保护措施。对资助机构来说，数据共享越来越多地受到政府的支持，资助机构和期刊社也越来越多地将数据共享作为资助的要求。美国卡内基梅隆大学图书馆提供的数据服务中列出了美国政府资助机构对数据共享的相关政策要求，涉及23个研究资助机构，每个机构都有关于数据共享和管理的相关要求。一些私人资助者也正在建立类似于联邦机构的数据开放获取政策。另外，第四科研范式即数据密集型知识发现的出现，使数据不再仅仅是科学研究的结果，而变成科学研究的基础，使数据的价值得到重视。高校图书馆服务的目的没有改变，但要实现研究数据的长期保存、管理以及保持持续的服务能力，必须制定新的战略组合，以满足新的挑战和机遇。

7.1 相关研究

国外高校图书馆科研数据管理的发展受到了国家和相关组织机构的高度重视，主要表现在国家数据管理和共享政策的完善、资助机构在政策上的强制性要求、高校科研数据管理政策的规范以及图书馆相关组织的推动，多方面的因素使国外高校图书馆的科研数据管理服务的普及性及完善性都显著高于我国。2007年，美国国家科学基金会（NSF）启动了DataNet计划，明确提出以图书馆为主体实施科研数据管理。ALA和ARL积极推动图书馆在数据管理方面的发展，指出数字化技术的发展和对信息基础设施的投资从根本上改变了科学的研究方式，这种转变的核心是科学数据。国外学者注重数据管理实践的研究，内容侧重于以下几个方面：①结合案例，总结高校图书馆科研数据管理的实践经验。S. Searle采用案例分析的方法，介绍了澳大利亚2所高校基于场景的关于科研数据管理的小组学习活动；M. E. Henderson介绍了一个基于高校图书馆的科研数据管理的项目，即美国弗吉尼亚州立大学（VCU）图书馆聘请了一名科研数据管理的主管，其在图书馆的支持下，提出一项与VCU教师、研究人员、学生、服务和资源提供者建立关系的计划，参与社区的数据管理计划编写和研究数据管理。②研究者对科研数据管理服务的需求分析。A. Naum 对研究人员进行了访谈，分析了研究者对澳大利亚阿得雷德大学（Adelaide）的数据仓储和元数据存储的需求，为阿得雷德大学的研究群体开发一个科研数据仓库和为元数据存储提供解决方案。E. Mattern 采用参与式设计和视觉叙事的方法研究科研人员在研究中遇到的有关科研数据的挑战，以及他们对图书馆科研数据管理服务的建议，结果表明，科研数据管理的挑战包括数据访问障碍、对研究数据管理最佳实践的了解不足、需要更深入地了解出版后的影响，以及对现有图书馆与机构数据管理服务（RDS）的认识不一致。提出的 RDS 建议，包括基于网络的工具、定制的培训课程和研究数据最佳实践的“提炼”指南。③与数据出版相关的研究。数据共享和重用的一个挑战就是数据的出版和数据的引用，需要相应的期刊数据共享政策来支持。P. Sturges 调查了利益相关者的观点和实践，确定了期刊数据共享政策的现状，开发了一种利益相关者驱动的期刊政策模型和策略。④图书馆的角色定位问题。高校图书馆作为科研数据管理服务的主体和实施者，需要明确其作用和职责。S. Searle 从实践出发研究了图书馆的角色定位问题。从相关研究来看，国外的研究更注重实践性。

目前，我国高校图书馆开展科研数据管理服务的并不多，学者周力虹、段欣余和宋雅倩调查了我国高校图书馆科研数据管理服务的情况，选取了 112 所“211 工程”大学，发现目前仅有 4 所高校明确开设了科研数据管理服务，分别是北京大学、复旦大学、武汉大学和上海外国语大学，但并不是全部以图书馆为核心提供科研数据管理服务的，且服务方式单一，馆员咨询内容有限，缺乏科研数据管理计划和相关服务的咨询和指导。国内学者对国外高校开展科研数据管理的经验进行调查、分析、总结，为国内高校图书馆开展科研数据管理服务提供借鉴和参考。国外科研数据管理服务实践较早、较有成效的国家包括美国、加拿大、英国、澳大利亚、德国及新加坡等。因此，国内学者总结的国外经验主要来自这几个国家。对国外科研数据管理经验的总结侧重于以下几个方面：①对国外高校图书馆的具体实践经验进行总结。彭建波归纳了北美人文社会科研数据管理的实践，从制度、规划、机构合作、建设和服务、技术、人才和培养6个方面，提出了建议；唐燕花探索了国内外高校开展科研数据管理服务实践的主要构成要素，提出了国内开展科研数据管理服务的建议和措施；王婉调查了澳大利亚的3所高校图书馆，对服务部门、数据类型及服务内容进行分析，并提出了建议。②对国外科研数据管理政策进行研究。丁培简述了美国、澳大利亚、英国等大学制定科研数据管理政策的实践及策略，分析其内容要素；司莉、邢文明调查了美国、英国和澳大利亚3个国家的高校数据管理政策及政府制定的数据公开政策。③对国外科研数据管理平台进行研究。学者覃丹对英美两国一流高校所构建的5个数据管理平台进行分析，为我国数据管理平台建设提供借鉴和启示；学者刘兹恒和曾丽莹分析了我国高校科研数据管理与共享平台的现状、特点和发展模式，指出我国高校科研数据管理与共享平台的模式主要有院所主导建立、以调查数据库为基础演变和国家资金资助建成三种。④图书馆的角色定位及图书馆员的能力培养。高校图书馆作为推动科研数据管理的主力及服务主体，其角色定位于国内外学者研究的热点，樊俊豪研究了图书馆在科学数据管理中的角色定位，他认为图书馆扮演着嵌入式科学数据管理专家、基于过程的科学数据监护机构、科学数据存档与长期保存机构、数据素养的教育机构等角色。随着科研数据管理服务的兴起，高校图书馆需要设立一个新的职业，即数据馆员。因此，数据馆员的能力培养成为科研数据管理服务实施的关键。国内学者胡绍君探讨了高校科研数据管理服务对学科馆员的能力要求，明确学科馆员在科研数据管理服务中的角色，他认为面向科研数据管理的高校学科馆员应该具备超前的数据管理服务意识、整合数据与馆藏资源能力、数据分析与数据挖掘能力、熟练应用数据平台的能力、数据管理咨询与指导能力、科研素养能力。从国内学者对科研数据管理的研究来看，整体上我国科研数据管理研究起步较晚，目前高校图书馆缺乏科研数据管理的咨询和指导，缺乏相关政策的支持和相关机构的推动，但是也形成了一些有特色的科研数据管理平台，而且中国国家图书馆学会每年会举行“数据馆员”的培训，表明我国的一些相关机构一直在探索适合我国高校图书馆科研数据管理服务的模式。

7.2 国内外高校图书馆科研数据管理服务的导航设置

图书馆的导航设置一定程度上反映了图书馆的服务方式。本章分析了英美国家及中国大陆排名前20的高校图书馆科研数据管理的路径设置，对比各自特点，如表7-1所示。调查的英美高校图书馆，其科研数据管理服务的路径可分为以下四条：①研究支持导航下。传统的高校图书馆导航一般分为资源和服务两种，资源目录下提供馆藏资源或数字资源检索服务，而服务导航下提供图书馆的借阅、咨询培训、座位管理、文献传递等服务。英美国家的很多高校图书馆除了提供资源和服务之外，将研究或教学支持独立设为一项服务，单独作为主导航，为本校研究者和教师提供研究支持和教学支持。②服务导航下。受调查的英美国家的高校图书馆有一部分将研究数据管理服务设置在图书馆服务导航下，有些图书馆在服务导航下设置了研究支持目录，并将科研数据管理设置在研究支持目录下。③数字化学术或学术交流导航下。一部分美国高校图书馆将科研数据管理设置在数字化学术或学术交流导航下，如美国的芝加哥大学图书馆、普林斯顿大学图书馆和宾夕法尼亚大学图书馆。④员工目录下。受调查的英国高校图书馆中有的将科研数据管理设置在员工目录下，在员工目录下设置研究支持目录，并将科研数据管理设置在研究支持目录下。从英美国家高校图书馆科研数据管理的路径设置来看，英美国家的高校图书馆非常重视研究支持服务，所有受调查的英美国家的高校图书馆都设置了研究支持的导航，主要服务于本校教师、学生的学术研究。英美国家的高校图书馆在具体的导航设置上略有不同，如受调查的部分美国高校图书馆将数据管理服务设置在数字化学术或学术交流目录下，而受调查的部分英国高校图书馆将科研数据管理设置在员工目录下。在导航设置上英美国家的高校图书馆还体现出3个特点，一是受调查的英美国家的高校图书馆都有研究支持的导航，一部分与资源和服务一起作为主导航，另一部分是在服务导航下另设研究支持的目录。这说明英美国家的高校图书馆非常重视对研究者的科研支持。二是 RDM 服务可以有多个路径。三是很多图书馆借助于 LibGuides 平台，将 RDM 服务以学科服务的形式来开展，如美国的加利福尼亚学院图书馆、英国的南安普敦大学图书馆。

表 7-1　调查的英美国家和中国高校（不含港澳台高校）图书馆科研数据管理的路径设置情况

美国		英国		中国	
名称	路径	名称	路径	名称	路径
麻省理工学院	研究支持→管理文件和信息→数据管理	牛津大学	研究→研究者的支持→信息和数据服务→科研数据管理	清华大学	*
斯坦福大学	研究支持→研究服务→数据管理服务	剑桥大学	研究→科研数据管理	北京大学	研究支持→数据服务/北京大学开放研究数据平台
哈佛大学	研究支持→数据管理	帝国理工学院	研究支持→科研数据管理	复旦大学	复旦大学社会科学数据平台
加利福尼亚学院	服务→研究数据支持/LibGuides→科研数据管理	伦敦大学学院	科研数据管理/图书馆服务→研究支持→科研数据管理	上海交通大学	*
芝加哥大学	研究和教学→数字化学术中心→数据管理/研究和教学→学科指导→数字化学术→数据管理	爱丁堡大学	信息服务→研究数据服务	浙江大学	*
普林斯顿大学	图书馆服务→学术交流办公室→数据管理	曼彻斯特大学	利用图书馆→研究→科研数据管理	中国科学技术大学	*
康奈尔大学	服务→科研数据管理服务	伦敦国王学院	图书馆服务→研究支持→科研数据管理	南京大学	*

续表

美国		英国		中国	
耶鲁大学	服务→研究支持和研讨会→数据服务→数据管理	伦敦政治经济学院	研究支持→科研数据管理	武汉大学	服务→学科服务→科研数据管理
哥伦比亚大学	服务→科研数据服务	布里斯托大学	研究支持→科研数据管理	哈尔滨工业大学	*
宾夕法尼亚大学	研究和教学→数字化学术→数据管理/LibGuides	华威大学	员工→研究者支持→科研数据管理指导	同济大学	同济大学科研数据管理与服务平台
密歇根大学安娜堡分校	服务→科研数据服务	格拉斯哥大学	员工→研究支持→开放获取→研究数据	北京师范大学	*
约翰霍普金斯大学	服务→数据管理服务	杜伦大学	研究和创新服务→影响、出版和数据→数据管理	中山大学	*
杜克大学	研究支持→研究指导→科研数据管理	谢菲尔德大学	研究→科研数据管理	西安交通大学	*
加利福尼亚大学伯克利分校	图书馆→数据实验室→学科指导→数据、GIS、数据管理/研究支持→数据、GIS、数据管理	伯明翰大学	图书馆服务→研究支持→科研数据管理	南开大学	*
加利福尼亚大学洛杉矶分校	研究&教学支持→版权，数据&出版→管理数据/研究&教学支持→研究帮助→研究数据服务	诺丁汉大学	研究支持→科研数据管理	华中科技大学	*
西北大学	研究→学术研究服务→数据管理/研究指导LibGuides→数据和数据管理	利兹大学	学习和研究支持→研究支持→科研数据管理	上海大学	*
加利福尼亚大学圣地亚哥分校	研究和馆藏→数据策展	南安普敦大学	研究服务→科研数据管理/LibGuides	天津大学	*
纽约大学	服务→研究服务→数据服务	圣安德鲁斯大学	服务→研究支持→科研数据管理	北京理工大学	*

续表

美国		英国		中国	
卡内基梅隆大学	数据 & 出版→科研数据管理	伦敦大学玛丽女王学院	研究→科研数据管理	吉林大学	*
威斯康星大学麦迪逊分校	服务→研究支持→科研数据管理	兰卡斯特大学	Information for →研究者→科研数据管理	厦门大学	*

数据获取时间：2017-03-10。

注：＊代表没有开展 RDM 服务。

笔者还调查了 iSchool 联盟一级会员大学的图书馆参与研究数据服务的情况。从表 7-2 中可知：①27 所大学的图书馆除丹麦哥本哈根大学图书馆没有开展数据管理服务外，其他 26 所大学图书馆均涉及了数据管理服务。②各大学图书馆数据管理服务所属目录有所差异，主要包括以下几种情况：属于图书馆服务领域、属于图书馆帮助领域、属于图书馆研究领域、属于图书馆数据 & 发布领域、属于图书馆部门。其中，大多数的大学图书馆将科研数据管理放在了服务行列、帮助行列和研究行列，一部分图书馆将数据服务放在了主界面上，如卡内基梅隆大学。其中佛罗里达州立大学图书馆与研究计算中心合作开展数据管理，所以将数据管理服务列于部门之中。③各大学图书馆科研数据管理涉及的主要内容既有相同之处也有差异。开展数据管理的大学图书馆涉及的相同内容包括数据管理计划（DMP）、数据组织（元数据）、数据存储、数据共享、数据发布、数据政策、培训。有些大学图书馆也开展了一些不一样的数据管理业务，如印第安纳大学图书馆有 3 个不同类型的数据存储库（IU Scholar Works Repository、SDA、RFS）用来存储不同类型的数据，且不同的数据的访问权限也不一样；雪城大学图书馆提供数据分析和数据可视化业务，并提供了很多数据分析的工具，同时进行数据需求评估，即评估特定项目的数据管理需求。④各大学图书馆在数据管理服务的馆员配置上也有差异。大概包括 3 个层次：分配有专门的数据管理馆员（共有 9 所大学的图书馆）；虽然有专门负责的人员，但没说明馆员是否是数据管理方向的；联系馆员咨询，没有指定专门的负责人员，可通过邮件或电话向图书馆员进行咨询。

表 7-2 iShool 联盟中的大学图书馆开展数据管理服务的基本情况

学校名称	是否开展	所属国家	所属路径	主要内容	联系方式
加利福尼亚大学伯克利分校	是	美国	Libraries→Data Lab→Research Data Management	涉及数据研究的咨询、技术数据问题的咨询、分析软件、研究数据管理、数据获取和访问计划	配备专门的数据馆员
加利福尼亚大学尔湾分校	是	美国	SERVICES→Digital Scholarship Services→Data Curation	数据管理计划的指导（DMP）	邮件咨询
加利福尼亚大学洛杉矶分校	是	美国	Research & Teaching Support→Copyrignt, Data & Publishing→Manage Your Data	数据管理的一般性指导、数据管理计划、数据存储和共享	联系馆员
卡内基梅隆大学	是	美国	Data & Publishing	数据管理、数据管理计划、数据安全&备份、研究数据存储、研究数据管理工具（DMPTool）	联系馆员
哥本哈根大学	否	丹麦	*	*	*
德雷克塞尔大学	是	美国	SERVICES→Research Data Management	数据管理计划咨询、DMPTool 使用帮助、协助获取出版物的持久性标识符、共享数据、研究数据管理培训、参与社区实践、以有效的方式满足法规要求的专业知识	邮箱联系
佛罗里达州立大学	是	美国	DEPARTMENTS → Office of Digital Research and Scholarship→Research Data Management	数据管理计划、数据存储、数据整理工具、数据共享、数据发布	与研究计算中心合作，配有专门的负责人员

续表

学校名称	是否开展	所属国家	所属路径	主要内容	联系方式
佐治亚理工学院	是	美国	SERVICES→Faculty Services→Data Management	数据管理计划、数据共享与归档、数据管理培训	在线填写申请联系
柏林洪堡大学	是	德国	研究和出版→研究数据管理	研究数据管理（发现、引用、创建计划、数据安全）、研究数据共享、研究数据的相关信息、培训	备有3名专门的与数据管理相关的馆员，可电话和邮箱联系
伊利诺伊大学	是	美国	Help & Services → Specialized Services→Research Data Service	数据管理计划、共享和保存数据、组织数据	通过邮箱或电话联系馆员
印第安纳大学	是	美国	SERVICES → Dig - ital Scholarship→Data Services	科学数据管理、数据存储与保存、数据内容指南、政策、咨询、研讨会、资源	有专门的科学数据管理馆员和其他相关馆员，共7名，可电话和邮箱联系
肯塔基大学	是	美国	RESEARCH & COLLECTIONS→Research Data Services	数据管理支持、资助要求、数据类型&元数据、数据存储库、数据共享和复用	备有1名学科馆员，可电话和邮箱联系
马里兰大学	是	美国	SERVICES→RESEARCH SUPPORT → Digital Scholarship & Publishing→Publishing Assistance→Research Data Services	开放数据、数据管理计划、数据归档、管理数据	邮箱联系
密歇根大学	是	美国	Services→Research Data Services	数据管理计划、发现和获取数据、数据组织和管理、元数据、数据分享和发布、数据存储、数据可视化	可发邮件

续表

学校名称	是否开展	所属国家	所属路径	主要内容	联系方式
北卡罗来纳大学	是	美国	GET HELP→Research Support	数据管理（数据管理计划、管理及共享数据、软件）、数据可视化、发布与版权、地理与计算数据	有7名专门的数据馆员，可电话和邮箱联系
北得克萨斯州大学	是	美国	Research→Initiatives & Support→Data Management	数据管理计划、数据存储服务、数据管理问答	有专门的学术交流馆员和数据管理馆员，可电话、邮箱联系
宾夕法尼亚州立大学	是	美国	Services→Research Data Services	数据管理、受限数据服务、数据发现、计算资源、数据分析＆可视化、培训、地理空间映射分析	邮箱联系
新泽西州立大学	是	美国	Get Help→Research Guides→Data	数据支持、数据管理（数据管理计划、保存数据、发布数据等）、数据服务（数据计算资源、数据安全设施、独特的数据资源、大数据、数据可视化等）、毕业生的科学数据管理	有专门的数据服务馆员，可邮箱和电话联系
匹兹堡大学	是	美国	Services→Digital Scholarship Services→Data Management	创建数据管理计划、了解资助者要求、了解发布商的要求、描述数据、选择可持续格式、查找存储库、引用数据集、定制培训	提交申请联系数据管理人员

续表

学校名称	是否开展	所属国家	所属路径	主要内容	联系方式
谢菲尔德大学	是	英国	Research → Information for researchers→Managing data and information	数据管理计划、数据政策、数据存储ORDA、数据管理工具、数据共享	有专门的研究服务帮助馆员，通过邮箱联系
新加坡管理大学	是	新加坡	RESEARCH → Research Data Management	数据管理政策、数据管理计划、数据组织/归档、数据安全、数据分析 & 数据可视化、数据发布、数据引用	有专门的指导人员，可邮箱、电话联系
雪城大学	是	美国	Services → Getting Help → Research Data Services	数据需求评估、数据管理计划、数据收集和数据发现、数据分析、数据可视化、数据监护	有专门的数据服务团队，共包括 7 人，可邮箱联系
坦佩雷大学	是	芬兰	服务→研究服务→开放式的科学技术支持→研究数据	数据管理计划、组织和存储、共享和复用、政策和法律	不同服务联系不同的馆员
得克萨斯大学奥斯汀分校	是	美国	Library Services→Scholarly Publishing→Research Data Services	数据管理计划、发现/创建、组织、描述、分析、保存、共享	配有专门的数据管理协调员，可邮箱和电话联系
多伦多大学	是	加拿大	Services→Manage your content→Research data management	组织数据、共享数据、保存数据	提交申请联系或在线询问
华盛顿大学	是	美国	START YOUR RESEARCH → RESEARCH GUIDES → DATA RRESOURCES → DATA MANAGEMENT GUIDE	数据存储、研究数据管理的课程、数据共享存储保护、数据管理计划工具、数据引用	配有专门的数据服务图书馆员，可电话联系，也可通过一些社交媒体如 Facebook、Twitter 联系
武汉大学	是	中国	“服务” → “学科服务” → “科研数据管理”	数据保存、数据管理、数据共享	咨询服务

数据获取时间：2017-03-10。＊表示没有检索到具体信息。

7.3 科研数据管理服务的主要内容

科研数据管理解决的是研究产出从创建到组织、访问、分发、归档和发布整个生命周期所涉及的事务。DMS是通过指导、教育、培训以及提供数据存档和共享服务，支持研究人员、机构和代理目标，促进数据管理的最佳实践，帮助研究人员准备数据管理计划并提供研究数据的归档服务。科研数据的类型是多形式的，包括文本：字符、实验室笔记、报告、演示文稿、手稿、调查反馈以及记录研究成果的其他文档等；数字：表、计数、测量等；视听：图像、录音、视频等；观测：实时捕获的数据，如传感器或调查响应等；模拟：从气候或经济模型等测试模型生成的数据；派生或编译：聚合或分析的数据，如数据挖掘或编译数据库；实验：从实验室设备收集的数据；计算机代码；特定学科：天文学、化学等；特定仪器：设备输出等。

受调查的英美国家高校图书馆开展的RDM服务的具体内容很相似，但组织的方式和工具略有不同。美国高校图书馆的RDM服务按照数据管理生命周期开展，而英国高校图书馆的RDM服务很多是按照项目前、中、后的方式来组织的。另外，在数据管理计划工具的选择上，美国使用的是DMPTool，而英国使用的是DMPonline。这两个工具都是帮助研究者撰写数据管理计划的，只是开发者不一样而已，DMPTool是加利福尼亚大学加州数字图书馆中心开发的，DMPonline是由数字化监护中心（Digital Curation Center，DCC）开发的。受调查的美国的20所高校都是DMPTool的成员，而英国的20所高校都是DMPonline的成员。依据调查结果，发现RDM服务的核心内容包括撰写数据管理计划书（DMP）、数据管理的指导、科研数据管理政策、科研数据管理培训。具体来说主要包括创建和管理机构数据存储库，提供数据挖掘和数据可视化的工具，帮助科研人员撰写数据管理计划书，为研究人员提供数据管理实践的培训，制度政策的指导，提供创建数据管理计划和元数据的帮助以及其他服务。

7.3.1 数据管理计划

受调查的英美国家的40所高校图书馆的科研数据管理服务的内容都包含了如何指导研究者撰写数据管理计划书，它是科研数据管理服务的核心内容。数据管理计划是一个书面的文档，它描述了研究项目的过程中研究者期望获得或生成的数据，研究者将如何管理、描述、分析和存储这些数据，以及在项目结束时如何来共享和保存研究者的数据。数据管理计划可以帮助研究人员有效地工作、管理、共享和存档其数据。一个数据管理计划包括以下几个方面：作为项目的一部分将生成什么数据，每一种类型的数据将如何被组织、记录、标准化、存储、保护、共享和归档；谁将负责开展上述活动，这些活动的具体时间安排。数据管理计划的内容应该涉及：这个项目将生成什么数据；谁将负责每个阶段的数据；数据集需要如何联结；数据使用什么样的格式；有关数据的哪些信息需要被捕获，以便其他人能够理解；数据应该存储在哪里，谁可以访问它；如何组织和命名数据；在项目结束时，数据如何发布或存档。受调查的开通数据管理服务的高校图书馆都有数据管理计划的服务，用来指导研究人员撰写数据管理计划，帮助研究人员制定数据管理计划的实施策略，数据管理计划服务会列出资助机构对数据的最新要求和相关的数据政策，如国家科学基金会（National Science Foundation，NSF）、国家卫生研究院（National Institutes of Health，NIH）和国家人文基金会（National Endowment for the Humanities，NEH）等对数据的要求。在数据管理计划的指导中图书馆会提供相关工具的使用指导。撰写数据管理计划的常用工具有 DMPTool 和 DMPonline，从表7-3中可看出，大部分的学校图书馆使用的撰写工具为 DMPTool，并且 DMP 是动态的，需要规范地监护它。国外很多资助机构都要求受资助者必须提交一份科研数据管理计划。为了促进对研究数据的开放获取，许多资助机构都要求产生的研究数据能够被公开获取并作为资助项目的一部分。许多机构已经提出了数据共享和正式数据管理计划的要求包括但不限于 NSF 数据管理计划的要求：作为数据共享政策的扩展，资助提案中必须包括不超过2页的数据管理计划，描述如何将研究得到的所有数据存放在存储库中。基础研究数据论文发表必须符合出版商数据共享政策。NIH数据共享政策：支持研究数据共享，期望获得50万美元或更多的研究人员在他们的申请方案中提供数据共享计划。NEH数字人文办公室要求数据管理计划作为资助申请和奖励的一部分。

该服务会提供关于数据管理计划的丰富资源和合理建议，一般情况下包括以下两点：

（1）资助机构对于研究数据管理的资助政策。在撰写科研数据管理计划之前，研究者需要明确项目的资助机构对科研数据管理计划的要求。例如，麻省理工学院图书馆关于数据管理计划的说明，就提供了很多资助机构对研究者进行科研数据管理计划的指导的链接列表。根据这个列表，研究者可以轻易地获取各资助机构提供的计划指导。

（2）提供数据管理计划的样例和模板。很多高校图书馆的科研数据管理服务会提供相应模板资源的链接，同时各个资助机构的网站也会提供数据管理计划的样例和模板。DCC提供的数据管理计划工具DMPonline给出了各个资助机构需要的数据管理计划的模板，共包括来自不同国家和地区的17个资助机构。其中，美国的NSF提供了一个通用的模板，这个模板跟DCC提供的样式比较相似，每个部分都包含需要描述的内容、指导和需要考虑的问题。但也有不同，如具体回答的问题存在差异。NSF的通用模板需要描述清楚五个部分，分别是数据类型、数据和元数据标准、获取与共享政策、数据重用和再分配政策、归档与保存计划。其中，在数据类型部分，需要描述清楚数据的类型、样例、物理存储、软件、课程材料和其他项目进行过程中产生的资料。在数据和元数据标准方面需要描述清楚数据存储的标准，如文件格式、元数据的描述形式等。在获取和共享政策方面，需要描述清楚数据获取和共享的方式，包括如何保护数据的隐私安全等，什么时候以什么方式数据可用，数据是否包含敏感数据等。在数据重用和再分配政策方面，需要描述清楚数据重用、再分配和数据衍生物的政策，如数据是否有任何许可限制，谁对数据感兴趣等。在归档和保存计划方面，需要描述清楚归档数据、样例和其他研究成果的计划，提供一个长期保存这些数据的策略。DCC 关于数据管理计划的列表，即制订数据管理计划需要考虑哪些问题，包括管理数据、数据收集、文档记录和元数据、伦理与法律约束、存储和备份、选择和保存、数据共享、责任和资源 8 个方面。虽然 DCC 列出了比较详细的数据管理计划的清单，指导我们在项目研究初期需要全面考虑的问题，但并不是所有的问题都必须出现在数据管理计划之中，DCC 给出了一个数据管理计划的模板，并在模板中对每一个需要回答的问题给出了指导和建议。该模板需要回答 7 个方面的问题：数据收集、元数据、伦理与法律约束、存储与备份、选择与保存、数据共享、责任与资源。有些图书馆还会提供本校的数据管理计划模板，如剑桥大学图书馆的数据管理计划模板。如果资助者没有提供数据管理计划方面的指导，剑桥大学图书馆会为他们的研究者提供一个简单的数据管理计划的模板作为参考。回答几个问题即可，首先需要提供研究者的名字和 E-mail 地址，然后回答 6 个问题，分别是：你研究的数据类型是什么？你组织数据的策略和方法？你数据备份的策略和方法？你如何与你的合作者交换数据？你共享数据的计划是什么，你的计划符合资助者的需求吗？你的数据是否包含敏感数据，这些数据可以共享吗？兰卡斯特大学图书馆也提供了自己的数据管理计划模板，与 DCC 需要回答的问题类似。

7.3.2 数据管理的指导

RDM 服务提供数据管理方面的指导，有两种方式：一种是依据数据管理的生命周期来提供相应的指导服务；另一种是按照项目开始、项目中和项目结束的方式来展开数据管理的指导。项目开始之前需要写数据管理计划以及 RDM 预算。项目中，需要安全存储数据，明确描述数据，清楚数据版本，保证数据命名和结构的逻辑性，恰当应用数据，遵守伦理、法律、商业义务的要求。项目结束时，决定哪些数据持续保存，格式化数据，考虑将数据存储在一个合适的存储库，使用持久性标识符，确保数据长时间可访问。按照项目开始—项目中—项目结束的方式进行 RDM 服务的指导，实质上也是遵循了数据管理的生命周期。因此本节遵循数据管理的生命周期展开对 RDM 服务指导内容的细节介绍，包括组织数据、存储数据、保存数据、共享数据。其中，重点介绍存储数据发生在项目进行时，研究者如何存储数据；保存数据发生在项目结束时，研究者考虑将数据保存在什么数据存储库中。

(1) 组织和存储数据。研究者合理地组织数据对于将来理解数据非常有意义。RDM 服务中需要指导研究者有效地组织和存储个人科研数据，需要考虑文件的命名规则、文件格式、数据版本和质量的控制、元数据的创建和使用。跟踪科研数据的文档和记录是非常重要的，所以在项目开始时就需要花费时间制定文件的命名规则和文件夹的命名规则，保持统一的标准的命名规则有助于将来更好地理解和重用数据。文件的命名应该具有一致性和描述性，具有一个清晰的目录结构。文件的格式直接影响将来打开这些文件以及其他人访问这些文件的能力。要采用开放的文件格式，如果需要以专有格式来保存文件，可以写一个 Read 文件，记录产生文件的软件名称和版本以及制作该软件的公司。国会图书馆发布了一个推荐格式声明，格式最好选择未加密的、非专利的、未压缩的、研究共同体普遍使用的、遵守公开文件标准的。研究团队协作时，要注重控制数据的版本，受调查的很多高校都提供了版本控制指南和控制工具。例如，斯坦福大学提供了两个简单的版本控制软件：Google Drive 和 Stanford Box，还有更高级的版本控制软件 gitHub。另外，还要注重元数据的选择和创建，元数据能够使其他研究者更详细地了解你的数据并正确使用和引用你的数据。在研究项目开始时，甚至在数据收集开始之前就应该考虑记录你的数据，研究人员可以在各种元数据标准中进行选择，这些标准通常适用于特定的文件格式或规程。存储数据需要考虑在项目期间如何存储自己的数据，如何管理敏感数据，如何备份数据等。高校图书馆的 RDM 服务会提供数据备份的指导，提供数据备份的可选项以及如何保证数据安全的技巧，一般情况下，英美国家的高校图书馆会建议使用“3—2—1”的备份策略，即 3 个备份，2 种存储媒介，1 份离线存储。国外非常重视个人信息的保护，因此如果涉及敏感数据，研究者需要考虑是否保密，引用时是否需要获得同意以及敏感数据如何被使用等问题。

（2）保存和共享数据。保存数据要求研究者为共享的数据选择一个合适的数据存储库，一般的数据存储库包括三种类型：一种是学科数据存储库，如 Dryad、Protein Data Bank 等；一种是通用的数据存储库，如 FigShare、Harvard DataVerse、Zenodo 等；一种是本校的数据机构库，受调查的所有的英美高校图书馆都有本机构的数据存储库。研究者可以查询世界范围内的数据仓库列表 Re3Data，受调查的英美国家的高校图书馆都提供了如何选择合适的数据存储库的详细指导和说明，以及需要考虑哪些问题。共享数据需要考虑如何出版数据，如何发现、获取和引用现有的数据，如何管理版权和知识产权等问题。

7.3.3 科研数据管理政策

受调查的英美国家的高校图书馆的 RDM 服务中包含相关的科研数据管理政策的说明和咨询。大多数的资助机构包括研究理事会、基金会、慈善机构等都已经出台了科研数据管理的政策，他们期望公共资助的科研数据是公共物品，应该尽可能少地限制其公开使用。资助机构都有各自的数据政策，为研究者提供如何处理科研数据的指导。2012 年 5 月，RCUK 要求所有受资助的大学都要有一个数据管理政策。因此，受调查的英美国家的高校图书馆大部分都有各自的科研数据管理政策，而没有科研数据管理政策的高校图书馆也会有与数据管理或数据开放获取相关的政策。剑桥大学图书馆在 RDM 服务中提供了 20 个高校主要资助机构的科研数据管理政策的概要和链接，帮助研究者了解资助机构的政策要求。DCC 也提供了资助者的数据政策和机构的数据政策，其中资助者的数据政策包括 RCUK 的资助者以及非 RCUK 的资助者共计 10 个资助机构的政策；机构的数据政策主要是高校发布的数据政策，共计 57 家机构，最早发布研究数据管理政策的是伯明翰大学，于 2009 年 10 月发布。高校图书馆开展 RDM 服务，需要包含国家、基金资助机构和学校本身的科研数据管理政策的说明和咨询，帮助研究者理解并满足他们的需求，促使研究者进行良好的数据管理实践。

7.3.4 科研数据管理培训

受调查的英美高校图书馆提供的 RDM 服务中包含科研数据管理的培训，主要包括三种形式：①在线培训，提供了丰富的在线培训资源。②举办研讨会或讲座。③为研究团队提供专门的培训或讲座。培训的内容主要是与 RDM 服务相关的主题，如开放科学，如何撰写科研数据管理计划，数据管理和共享的最佳实践等。各个高校图书馆的 RDM 服务提供了非常丰富的培训资源的链接，如 DCC 提供的数字策展课程，包括面向所有人的培训和个体组织请求的私有培训，内容包括开放科学、数据管理计划、数据保存、基金需求等，还有面向图书馆员的科研数据管理，内容包括科研数据和科研数据管理、数据管理计划、数据共享、技能等。英国爱丁堡大学图书馆管理的 MANTRA，提供与科研数据管理有关的培训和免费在线课程，如果需要证书，还可以报名参加他们为期 5 周的流动课程，这个平台还提供了科研数据管理和共享的 MOOC。除此以外，还有很多数据管理的免费课程。例如，新英格兰合作数据管理课程（NECDMC）项目，美国 NSF 的 DataONE 项目，提供关于数据管理的教育，包括概述数据管理的最佳实践，提供教育材料方便支持研究人员使用，以及链接到 DataONE 及其合作伙伴提供的工具和资源。对于如此丰富的科研数据管理培训的资源，高校的研究者和图书馆员可以有效应用，提高数据管理的能力。

7.4 科研数据管理的方式

经过调查，发现国外高校图书馆科研数据存储的方式主要有三种：自建的数据存储库；通用的数据存储库，如学科数据存储库（ICPSR、Hydroshare 等）、通用数据存储库（GitHub、Bitbucket、SourceForge、CRAN）、通用代码存储库（DataOne Dash、Dataverse、Figshare 等）等；自建的数据存储和共享平台，如加利福尼亚大学伯克利分校和尔湾分校提供的 Dash 服务；武汉大学图书馆建立的科研数据共享与管理平台。其中，27 所学校中有 17 所学校都有自建的数据存储库，为本学校的研究人员提供帮助和服务。每个高校图书馆提供的科研数据管理中，都涉及帮助研究人员撰写数据管理计划的内容，所涉及的工具包括 DMPTool、DMPonline、DMPTuuli、DMPAssistant，这几个工具都是用来指导研究人员撰写数据管理计划的。其中，DMPTool 是由加利福尼亚大学加州数字图书馆中心开发的，是用来创建能够满足资助者要求的数据管理计划的工具；DMPonline 是由 DCC 开发的，帮助科研人员撰写数据管理计划；DMPTuuli 由芬兰的 17 个研究机构共同开发，由 DMPonline 支持，也是一个帮助研究人员撰写数据管理计划的工具，供芬兰的研究机构免费使用；DMPAssistant 是一个用于准备数据管理计划的双语工具，并探讨数据管理的关键问题。EZID 是数据共享和开放获取的重要工具，可以轻松地为研究人员的数据创建和管理提供长期的全球唯一标识符，确保数据在未来的可发现性，国外很多学校都在使用 EZID 工具来进行科学数据的管理和共享，EZID 官网上列出的用户目前有 152 所学校或机构。具体情况如表 7-3 所示。

表 7-3　iShool 联盟中高校图书馆科研数据存储的方式

学校名称	数据存储方式	存储库名称	工具名称
加利福尼亚大学伯克利分校	利用 Dash 平台将数据上传到 Merritt 存储库，Dash 由加利福尼亚大学伯克利图书馆和加州数字图书馆（UC3）管理和运营	提供 Dash 服务，利用 Dash 保存和发布自己的数据；也可以使用一些公共的数据存储库	DMPTool、EZID、DataUp
加利福尼亚大学尔湾分校	Dash 平台	Dash	*
加利福尼亚大学洛杉矶分校	加利福尼亚大学监护中心 UC3 开发的存储库	Merritt	DMPTool、EZID
卡内基梅隆大学	提供了可使用的通用数据存储库的列表、科学数据推荐的数据存储库列表、PLOS 推荐的存储库列表等	Dyrad Digital Repository、Figshare、Harvard Dataverse、Open Science Framework（由开放科学中心开发，提供免费服务）、Zenodo	DataBib（数据存储库列表）

续表

学校名称	数据存储方式	存储库名称	工具名称
哥本哈根大学	*	*	*
德雷克塞尔大学	机构存储库	IDEA	DMPTool、EZID
佛罗里达州立大学	自建的数字出版平台	FSU Research Repository (DigNole)	DMPTool
佐治亚理工学院	自建的机构存储库	SMARTech	DMPTool
柏林洪堡大学	自建了一些数据存储库	LAUDATIO、IQB、Edoc、Medien-Repositorium、Nomad	Re3Data（学科存储库查询）、DMPonline
伊利诺伊大学	自建的数据存储库	Illinois Data Bank、IDEALS	DMPTool
印第安纳大学	自建存储库，构成一个数据存储平台	IUScholarWorks 存储库、SDA（学术数据存档）、RFS（研究文件系统）	DMPTool
肯塔基大学	自建的机构存储库	UKnowledge	DMPTool
马里兰大学	自建的机构存储库	DRUM	DMPTool
密歇根大学	自建的数据存储库	Deep Blue Data	DMPTool
北卡罗来纳大学	没有自建的数据存储库，提供了可选择的学科数据存储库、通用的数据存储库和通用的代码存储库	学科数据存储库（ICPSR、Hydroshare 等）、通用的数据存储库（DataOne Dash、Dataverse、Figshare 等）、通用的代码存储库（GitHub、Bitbucket、Sour - ce Forge、CRAN）	Re3Data、DMPTool
北得克萨斯州大学	自建的数据存储库	UNT 数据存储库和 UNT 学术成果	DMPTool
宾夕法尼亚州立大学	没有自建的数据存储库，提供了一些通用的数据存储库	Figshare、Zenodo、GitHub	Re3Data、DMPTool
新泽西州立大学	提供四种数据存储方式的指导	学科存储库（ICPSR）、机构知识库（正在开发 Rutgers、RUresearch、RU-core）、期刊出版、自我出版（IQSS、ICPSR）	Re3Data
匹兹堡大学	自建的机构知识库	D-Scholarship@ Pitt	DMPTool

续表

学校名称	数据存储方式	存储库名称	工具名称
谢菲尔德大学	自建的数据存储库	ORDA	DMPonline
新加坡管理大学	自建的机构存储库，并提供了相关的在线存储库	InK（机构存储库）、在线数据存储库（提供了可选择的列表，如 Dataverse、Figshare、ICPSR 等）	Re3Data、DMPTool
雪城大学	学校订阅的存储库	ICPSR	DMPTool
坦佩雷大学	提供了研究数据存储库的列表	AVAA 数据发布平台、Zenodo 国际一般数据存储库、坦佩雷大学的 Folklife Archives	DMPTuuli（由芬兰的 17 个研究机构共同开发）
得克萨斯大学奥斯汀分校	自建的数据存储库	TDR	Re3Data、DMPTool、EZID（加利福尼亚大学）
多伦多大学	哈佛大学的存储库	Dataverse（哈佛大学）	Re3Data、DMPonline、DMPTool、DMPAssistant
华盛顿大学	自建的数据存储库	ResearchWorks Archive、UW-IT's lolo Archive	Re3Data、DMPTool
武汉大学	以 Dspace 为平台基础建立的数据管理与共享平台	高校科研数据共享平台	*

数据获取时间：2017-03-10。* 表示没有检索到具体信息。

7.5 数据馆员的配置

数据密集型科学的兴起，以及科学研究范式转变为以数据为驱动的研究模式，促使新的知识需求产生，进而出现很多与数据有关的行业，如数据科学家、数据分析师等。图书情报学术界也公认在图书馆应该有一个新的职业，即数据馆员。学者顾立平认为数据馆员是为科研数据管理服务的，它是图书馆员职业生涯的一个发展方向，而不单指具体的岗位名称，它可以是数据管理专员、数据支持人员、数据管理规划顾问、科研数据管理项目专员、RDM 服务开发人员、数字研究图书馆员、科研数据管理协调员等。数据馆员在科研数据管理的服务中扮演着非常重要的角色。受调查的英美国家的高校图书馆，负责RDM服务的馆员主要分为两种形式：①组建了专门的科研数据管理团队（RDM Team）。例如，美国的加利福尼亚学院图书馆配备了专门的学术交流馆员、学术和数据馆员、元数据馆员等，负责科研数据管理的相关服务；美国的普林斯顿大学图书馆也设立了学术交流馆员；美国的西北大学图书馆也配备了专门的数据管理馆员，负责回答与数据管理和数据管理最佳实践相关的问题，并提供课堂演示和个人培训课程。英国的华威大学也设立了学术支持馆员，包括电子仓储助理、研究数据负责人、学术交流负责人等。②以学科服务的形式开展，由学科馆员负责。例如，美国的纽约大学图书馆就是由其中的一名学科馆员负责数据服务。可以单独预约，也可以在线咨询、电话或邮箱联系。

7.6 对我国科研数据管理服务的启示和建议

（1）国家、科研资助单位、机构制定相应的数据管理政策，激励数据管理和共享。我国缺乏相应的科研数据管理的政策来引导。通过调查可以发现，英美国家高校图书馆开展的RDM服务之所以如此系统和内容丰富，离不开国家、政府和相关组织机构的高度重视。美国的科研资助机构强制性要求资助申请中必须包括如何管理和共享研究数据的计划。英国成立的数据管理中心DCC，一直致力于数据管理服务，提供了丰富的科研数据管理的相关服务、培训和工具；英国的RCUK要求所有受资助的大学都要有一项数据管理政策。2018年3月，我国国务院办公厅印发了《科学数据管理办法》，该办法的出台对科技工作者及国内致力于科学数据共享的研究者都是极大的鼓舞。

（2）多个机构的相互协作，共同推进科研数据管理的实践。RDM服务的开展并不是单个机构就能促成和推进的，需要国家、政府、资助机构、高校、图书馆、出版商等多个利益相关者共同努力和推进。图书馆在开展RDM服务时，需要积极发挥其核心力量的作用，主动协同多方利益主体参与，整合各机构的业务优势，促进科研数据资源的高速运转，使科学数据的生产、采集、管理与利用实现良性循环。笔者调查过国外高校图书馆的科研数据管理服务，发现国外高校图书馆积极开展数据管理服务，一方面是受到政府的大力支持，例如，美国政府要求公开获取政府信息、出版物和联邦资助研究产生的数据，同时政府承认这些数据的隐私和保密问题，呼吁在现有的信息共享法律限制内公开获取数据。另一方面受科研资助机构的强制性要求，这些机构要求资助申请中必须包括如何管理和共享研究数据的计划。例如，美国 NSF 的数据共享政策和数据管理计划要求，美国 NIH 的数据共享政策和实施指南；有些期刊也要求将数据共享作为出版的条件，如 PLOS 期刊关于共享数据的发布政策等。另外，数据管理也得到了图书馆相关机构和组织的大力推进，例如，ALA 和 ARL 每年以各种形式推进数据管理的发展。借鉴国外的经验，我国应该加强政府、科研资助机构、高校图书馆的相关机构以及高校图书馆自身的协作，推进科研数据的管理。目前，我国也制定了一些科学数据共享的相关条例和办法，但还不够完善和系统；我国的科研资助机构目前也没有强制要求申请者必须共享相关科研数据或提交如何管理共享研究数据计划的规定。因此，我们应从以下 3 个方面做出努力：一是我国政府机构需要制定系统的数据政策用以指导和规范科研数据的管理和利用，建立和完善科学数据管理的政策法规体系。二是我国的科研资助机构可以出台数据管理与数据提交的相关规定，将科研过程中对科研数据的管理和保存纳入项目考核范围，提高科研数据的开放性，提高研究的可靠性和透明度，实现科研人员之间的合作和学术交流。三是应该发挥高校图书馆在科研数据管理中的专业优势，为科研数据的永久性存储和持续的服务能力提供保障。高校图书馆作为科研数据管理的主体，需要做好科研数据管理的趋势分析和需求分析，并在科研数据管理开展之时，保障该服务需要的基础设施和人员配备，以及相应的规章制度。

（3）做好服务开展前的需求调查。国外很多高校图书馆在开展 RDM 服务之前，会对本校的研究者做一个需求调查和分析，调查研究人员如何管理数据，并帮助确定研究人员对数据存储、保存和共享的需求。例如，美国的西北大学在2013年进行了一项调查，来支持自己的RDM服务，调查表明研究人员最关注的问题是数据的存储和管理，尤其是长期的数据存储和管理，而且研究人员需要有关数据管理的援助和教育；英国的诺丁汉大学也做过一项类似的调查，结果表明，数据的类型复杂多样，研究者很少共享数据给团队以外的人，研究者对培训也非常感兴趣，尤其是数据管理计划的撰写，元数据和存储数据以及资助机构的需求。这表明，研究者对RDM服务是有需求的，高校图书馆在RDM服务方面有发挥作用的空间。但是我国研究人员数据管理和数据共享的意识整体上处于一个低水平的状态，我们需要在了解他们需求的同时让研究者更多地了解RDM的重要性，才能更好地开展相应的服务。S. Renwick研究了发展中国家学术图书馆的科研数据管理现状，发现虽然很多研究人员拥有数据，但他们几乎没有经验去管理。因此，做好服务开展前的需求调查和分析是非常有意义的，以帮助研究者了解科研数据管理这项服务，消除他们的疑虑。

（4）数据馆员的教育和培训。图书馆服务的核心是人，科研数据服务的开展需要具有数据管理和服务能力的专业数据馆员，且科研数据的管理和服务不是简单地将数据存储到一起，而是涉及元数据知识、数据组织、数据管理、数据分析、数据培训和数据服务等一系列活动，尤其数据分析是需要专业的技能和知识的。因此，为图书馆员提供学习新技能的机会以及引进具有专业数据知识背景的人才非常重要。C. Tenopir等学者在对欧洲研究型图书馆的调查中发现，27.7%的图书馆聘用了专门支持研究数据服务的工作人员，14.3%正在计划聘用相关人员，更多的图书馆正在计划重新分配现有的工作人员。因此引进具有数据服务能力的人才以及加强对图书馆员的数据教育和培训非常重要。本书调查发现，高校图书馆一般采用引进专业数据人才或现有馆员培训两种方式作为数据馆员来开展RDM服务的途径。中国图书馆学会专业图书馆分会和中国科学文献情报中心每年也会举行“数据馆员研讨班”，从理论、方法、技术、政策、实践层面，持续、系统地推进图书馆开展数据管理与服务的实践。国外很多高校提供了数据管理的课程，R. L. Harris-Pierce 和 Y. Q. Liu 调查了北美图书馆情报学的数据管理教育开设情况，在北美 52 个图书馆和信息科学（LIS）的学院网站上，有 16 家机构提供了数据管理课程。笔者在 2017 年 3 月参加了 iSchool 的学术年会，该年会的一个重要议题就是信息科学向数据科学的转变，在该议题上很多学者指出 iSchool 成员中很多高校的信息学院开设了数据科学、数据分析和数据管理专业。这说明数据管理、数据分析等数据科学的专业已作为独立的专业，提供专业化的教育，这为高校图书馆的数据馆员的教育培训提供了途径。美国 RDA（Research Data Alliance）中描述了关于科研数据图书馆应该做的 23 件事情，涉及 10 个部分，分别是学习资源、数据参考与推广、数据管理计划、数据素养、元数据、引用数据、数据授权与隐私、数据保存、数据仓储、实践社区。这 10 个方面很好地阐释了图书馆应该怎么做，图书馆员应该学习哪些知识，具备哪些能力才能提供 RDM 服务。对我国高校图书馆员来说，培训的途径包括：继续专业化教育，取得相关的数据管理学位；参加经过专业认证的相关数据管理的课程和培训；与国内高校的信息管理学院合作，进行专业系统的数据管理教育。

（5）借鉴国外数据管理模式，融合自身特点进行创新。通过本次的调查可知，目前我国内地的高校图书馆开展科研数据管理服务的并不多，只有 4 所高校。在发展初期，缺乏实践经验，可以借鉴国外的实践模式，但是也可以把握自己的特点。由于政策环境的差异及我国的资助机构并没有强制要求提交科研数据管理计划，目前我国的高校图书馆并没有普遍开展 RDM 服务，但是我们可以借鉴科研数据管理计划的模式指导研究者更有效地管理个人数据。很多调查显示目前研究者主要是将个人数据存储在自己的存储设备上，经常会出现数据丢失，或由于时间太长或者命名不规范，自己的数据自己也不了解的情况。因此，我们可以借鉴国外高校图书馆对数据管理的方法，指导研究者更有效地组织自己的数据，如文件命名格式、文件夹组织结构的制定、撰写一份 Read 文件、描述数据等。这些服务高校图书馆都可以开展，用于支持研究者的活动。另外，我们要形成自己的特色。2015 年，北京大学图书馆联合北京大学管理科学数据中心、北京大学科研部、北京大学社科部推出“北京大学开放研究数据平台”，平台为研究者提供研究数据的管理、发布和存储服务，鼓励研究者开放和共享数据；为用户提供研究数据的浏览、检索和下载等服务，促进研究数据的传播、重用和规范引用。这个平台并不像国外的 RDM 服务从指导研究者如何撰写研究数据管理计划和保存共享自己的数据开始，而是先收录北京大学拥有的一些具有极高影响力的精品调查数据，然后开展了“全国高校数据驱动创新大赛”，鼓励大家利用这些数据研发出新的研究成果，而且确实通过这次竞赛收到很多创造性的研究成果。这种实践模式从数据的利用开始，创造出了价值，然后，鼓励研究者自行提交，这样会形成一个良性的循环。这在我国也是一个非常值得借鉴的实践模式。同时，在我国推进“双一流”建设的背景下，很多高校引进了 ESI 数据库来支持本校的学科分析和规划，形成研究报告之前会产生很多数据，这些数据有助于我们了解某一学科的发展脉络，可以按照科研数据管理的框架来组织和保存这些数据。

另外，我国高校图书馆已经具备了一些数据服务的基础和能力。调查发现，RDM 服务中的一个重要内容就是如何有效地保存和共享研究者的数据。在这个阶段，图书馆的数据馆员需要提供可存储数据的数据仓库，研究者有很多选项，可以选择面向全球的一些通用数据存储库，也可以选择学科数据存储库，但通过调查发现，英美很多高校都为研究者提供了自建的本机构的数据存储库，也叫数据机构库。而我国的高校也非常重视机构库的建设，2016 年，为促进全国高校机构知识库整体、快速、健康发展，中国高等教育文献保障系统（CALIS）管理中心联合 16 家高校图书馆共同发起成立“高校机构知识库联盟”（Confederation of China Academic Institutional Repository，CHAIR），其宗旨是推进全国高校机构知识库的建立，推动学术成果的开放获取，促进学术发展。目前，联盟共有 50 家会员机构，元数据总量达到 2812320 条。受调查的我国内地 20 所高校中有 13 所高校为联盟成员，即这 13 所高校都建设了本校的机构知识库，用来收集和保存本校科研人员的学术与智力成果。只是目前机构库的利用只是保存本机构内学者的研究成果，与成果相关的数据保存非常少，但是如果要开展 RDM 服务，我们可以利用已建的机构库来保存研究者的数据成果。

[参考文献]

[1] 科学数据是重要的战略资源 [EB/OL]. [2018-08-20]. http://www.gov.cn/zhengce/2018-04/06/content_5280211.htm.

[2] JAHNKE L, ASHER A, KERALIS SD C. The problem of data [M]. Washington: Council on Library and Information Resources, 2012.

[3] Sharing and discovery [EB/OL]. [2017-03-10]. http://libraries.ucsd.edu/services/data-curation/sharing-discovery/index.html.

[4] Public access mandates & policies [EB/OL]. [2017-03-16]. http://www.library.cmu.edu/datapub/sc/publicaccess/policies/usgovfunders.

[5] Public access mandates & policies [EB/OL]. [2017-03-10]. http://www.library.cmu.edu/datapub/sc/publicaccess/policies/intlfunder.

[6] 燕今伟. 专题：高校科学数据管理与服务机制及运行平台研究（序）[J]. 图书情报工作，2013 (6): 11.

[7] SEARLE S. Using scenarios in introductory research data management workshops for library staff [J]. D-Lib magazine, 2015, 21 (11/12).

[8] HENDERSON M E, KNOTT T L. Starting a research data management program based in a university library [J]. Medical reference services quarterly, 2015, 34 (1): 47-59.

[9] NAUM A. Research data storage and management: library staff participation in showcasing research data at the University of Adelaide [J]. Australian library journal, 2014, 63 (1): 35-44.

[10] MATTERN E, WEI J, HE D, et al. Using participatory design and visual narrative inquiry to investigate researchers' data challenges and recommendations for library research data services [J]. Program

electronic library & information systems, 2015, 49 (4): 408-423.

[11] STURGES P, BAMKIN M, ANDERS J H S, et al. Research data sharing: developing a stakeholder-driven model for journal policies [J]. Journal of the association for information science & technology, 2015, 66 (12): 2445-2455.

[12] SEARLE S, WOLSKI M, SIMONS N, et al. Librarians as partners in research data service development at Griffith University [J]. Program electronic library & information systems, 2015, 49 (4): 440-460.

[13] 周力虹，段欣余，宋雅倩. 我国高校图书馆科研数据管理服务调查与分析 [J]. 图书情报工作，2017，61 (20)：77-86.

[14] 彭建波. 北美人文社会科学数据管理的实践及其启示 [J]. 大学图书馆学报，2013，31 (6)：33-37.

[15] 唐燕花. 高校科研数据管理服务实践研究及建议 [J]. 图书情报工作，2016，60 (24)：130-138.

[16] 王婉. 澳大利亚高校图书馆参与科研数据管理服务研究 [J]. 图书馆论坛，2014 (3)：130-136.

[17] 丁培. 国外大学科研数据管理政策研究 [J]. 图书馆论坛，2014 (5)：99-106.

[18] 司莉，邢文明. 国外科学数据管理与共享政策调查及对我国的启示 [J]. 情报资料工作，2013 (1)：61-66.

[19] 覃丹. 英美社会科学数据管理与共享服务平台调查分析 [J]. 图书情报工作，2014 (16)：67-75.

[20] 刘兹恒，曾丽莹. 我国高校科研数据管理与共享平台调研与比较分析 [J]. 情报资料工作，2017 (6)：90-95.

[21] 樊俊豪. 图书馆在科学数据管理中的角色定位研究 [J]. 图书情报工作，2014，58 (6)：37-41.

[22] 胡绍君. 面向科研数据管理的高校学科馆员能力建设研究 [J]. 图书情报工作，2016 (22)：74-81.

[23] INDIANA UNIVERSITY BLOOMINGTON. Science data management storage and preservation [EB/OL]. [2017-03-10]. https://libraries.indiana.edu/science-data-management-storage-and-preservation.

[24] Research data services: data analysis [EB/OL]. [2017-03-13]. http://researchguides.library.syr.edu/dataservices/DataAnalysis.

[25] Intro to data management [EB/OL]. [2017-03-10]. http://www.library.cmu.edu/datapub/dms/data/101#accordion-5.

[26] Data management plans [EB/OL]. [2018-09-02]. http://library.stanford.edu/research/data-management-services/data-management-plans.

[27] DMP basics [EB/OL]. [2017-03-10]. http://www.library.cmu.edu/datapub/dms/data/dmpbasics#accordion-1.

[28] Data management [EB/OL]. [2017-03-10]. https://libraries.mit.edu/data-management/plan/funder-requirements/.

[29] Data management plan support service [EB/OL]. [2017-03-16]. https://www.data.cam.ac.uk/DMPsupport.

[30] Funder requirements [EB/OL]. [2017-03-16]. https://dmponline.dcc.ac.uk/public_ templates.

[31] DCC. Checklist for a Data Management Plan v. 4.0. Edinburgh: Digital Curation Centre [EB/OL]. [2017-03-16]. Available online: http://www.dcc.ac.uk/resources/data-management-plans.

[32] DNONLINE. Funderrequirements [EB/OL]. [2017-03-16]. https://dmponline.dcc.ac.uk/public_ templates.

[33] Management [EB/OL]. [2017-03-16]. https://www.data.cam.ac.uk/data-management-guide/creating-your-data/data-management-plan.

[34] Data Management Template [EB/OL]. [2017-3-16]. http://www.lancaster.ac.uk/library/rdm/what-is-rdm/plan/funder-expectations/

LancasterUniversityDataManagementTemplate. docx.

[35] GARY PRICE. Highlights from: international survey of academic library data curation practices [EB/OL]. [2017-03-02]. http://www.infodocket.com/2013/07/11/highlights-from-international-survey-of-academic-library-data-curation-practices/.

[36] TENOPIR C, TALJA S, HORSTMANN W, et al. Research data services in European Academic Research Libraries [J]. Liberty Quarterly, 2017, 27 (1): 23-44.

[37] DMPTOOL. Data management planning tool [EB/OL]. [2017-03-10]. https://dmptool.org/.

[37] DCC. Dmponline [EB/OL]. [2017-03-10]. https://dmponline.dcc.ac.uk/.

[39] Research data: data management plan. DMPtuuli [EB/OL]. [2017-03-10]. http://libguides.uta.fi/c.php? g=440304&p=3001357.

[40] PORTAGE. DMPassistant [EB/OL]. [2017-03-13]. https://assistant.portagenetwork.ca/.

[41] 顾立平. 数据治理：图书馆事业的发展机遇 [J]. 中国图书馆学报，2016，42 (5): 40-56.

[42] 黄如花，赖彤. 利益相关者视角下图书馆参与科学数据管理的分析 [J]. 图书情报工作，2016 (3): 21-25.

[43] 谢春枝，燕今伟. 国内外高校科学数据管理和机制建设研究 [J]. 图书情报工作，2013，57 (6): 12-17，38.

[44] Cunera Buys. Report on data management survey, Northwestern University [EB/OL]. [2018-09-04]. https://arch.library.northwestern.edu/downloads/0v8380566? locale=en.

[45] Parsons T, Grimshaw S, Williamson L. Research data management survey [R]. the University of Nottingham, 2013.

[46] RENWICK S, WINTER M, GILL M. Managing research data at an aca-

demic library in a developing country [J]. Ifla journal, 2017, 43 (3): 51-64.

[47] 2018 图书情报高级培训班. 关于举办第 6 期中国数据馆员研讨班的通知 [EB/OL]. [2018-09-04]. http: //peixun2018. csp. escience. cn/dct/page/70010.

[48] HARRIS-PIERCE R L, LIU Y Q. Is data curation education at library and information science schools in North America adequate? [J]. New library world, 2012, 113 (11/12): 598-613.

[49] HUI WANG, DOU TIANFANG, MICHAEL WITT. RDA libraries for research data interest group. 23 things: libraries for research data [EB/OL]. [2018-08-13]. https: //b2share. eudat. eu/records/4b5796d43fe64ae89ef1b5da951da b4e.

[50] 李志芳. 国外 iSchool 联盟高校图书馆科研数据管理调查 [J]. 图书馆论坛, 2017, 37 (10): 121-130.

[51] 北京大学开放研究数据平台简介 [EB/OL]. [2018-09-05]. http: //opendata. pku. edu. cn/about. xhtml; jsessionid=4266fcfa47f08c88399fd056ca56.

[52] 中国高校机构知识库联盟. 中国高校机构知识库联盟章程 [EB/OL]. [2018-08-24]. http: //chair. calis. edu. cn/pages/list. html? id=e422949c-ef68-4baa-b265-28b124df86ce.

[53] 李志芳. 英美高校图书馆科研数据管理服务调查 [J]. 图书馆, 2019 (10): 84-90, 95.

8　高校图书馆的学科分析服务实践

2015 年 10 月 24 日，国务院印发《统筹推进世界一流大学和一流学科建设总体方案》，该方案将建设世界一流大学和一流学科作为提升我国教育发展水平的重大战略决策。各组织、各机构在“双一流”政策的引导和指导下都致力于研究如何进行改革和发展，提高其学科和机构的影响力。在 CNKI 中检索发表的关于“双一流”的相关文献，得到 875 篇文献，检索时间为 2018 年 4 月。对检索到的文献进行分析，发现从 2015 年到 2018 年，相关文献不断增加，2017 年最多，有 589 篇。且随着时间的推进，每个阶段的研究重点不同。2015 年，“双一流”学校、学科建设刚刚起步，多是对政策的解读，核心关键词为“一流学科”；2016 年，“双一流”建设进入推进阶段，相关文献的研究重点在于如何进行“双一流”建设，包括不同层次高校的“双一流”建设路径、不同层次教育的“双一流”建设方案以及不同学科的“双一流”建设。例如，针对地方高校或地方高水平大学的改革和发展，针对本科教育或研究生教育的发展，针对社会人文类学科或弱势学科的“双一流”建设等。该阶段的核心关键词是“高等教育”“人才培养”“学科建设”等。2017 年，“双一流”建设进入实践阶段。2017 年 9 月，教育部、财政部、国家发展改革委联合发布《关于公布世界一流大学和一流学科建设高校及建设学科名单的通知》，各高校的“双一流”方案陆续公布，围绕“双一流”建设总体目标，制定各高校的具体建设方案。在这一阶段，高校图书馆发挥着重要作用，成为高校“双一流”建设的重要支撑机构。同时，各高校引进学科评价的数据库和工具 ESI 和 InCites，利用这些分析工具，对进入前 1%的机构和学科进行统计和分析，为机构建设“双一流”提供决策支持。2018 年，为“双一流”建设的继续发展阶段。

目前，很多高校的图书馆结合高校的“双一流”建设目标，开展了学科评价和分析的实践与研究，且取得了良好的效果。高校图书馆的重点在于“服务”，即如何开展相关服务支撑学校的学科建设，主要支撑学校、学科建设的服务是学科评价和学科服务。例如，刘楠等介绍了武汉理工大学图书馆支持高校“双一流”建设的实例，基于ESI和专利文献信息，开展面向决策需求和科学研究、兼顾信息素养和咨询的学科知识服务，其中嵌入科研和决策层的ESI学科和专利分析服务，为学校的“双一流”建设提供决策支持。在这个时期，高校图书馆成为学科服务和学科评价的重要机构，而高校图书馆也借此机遇对其服务进行创新和转型。国内很多高校图书馆在“双一流”建设背景下，开展学科服务，为学校的学科发展提供决策性的支持意见。例如，复旦大学图书馆在“双一流”政策的引导下，精准定位，利用ESI、InCites数据库的资源及各种数据分析的工具，对学科的发展和趋势进行监测和挖掘，不仅仅进行数据分析，且对分析的结果进行了良好的存储和监测，他们目前开发了基于Tableau的ESI学科监控平台，并正在筹备开发学术数据仓储及展示平台ROADs@ Fudan。他们得出的指导性、可行性的结论，为建设一流学科和一流学校的战略发展提供支持。

在“双一流”建设的背景下，学科态势、学科竞争力、科研能力分析等相关学科分析服务也成为图书馆学科化服务的一部分。本章主要采用网络调查和内容分析的方法，以42所“双一流”高校为目标，对其开展学科分析的情况进行调查分析。

8.1 高校图书馆学科分析服务开展情况

高校图书馆是否开展学科分析服务的界定标准为该图书馆是否存在与学科数据分析相关的说明或导航目录。基于这一标准，42所“双一流”高校图书馆中有32所开展了学科分析服务。具体情况如表8-1所示。从表

8-1中可知，42 所高校的图书馆大部分购买了用于学科数据分析的评价工具 ESI 和 InCites。ESI 全称为 Essential Science Indicators，译为“基本科学指标数据库”，是科睿唯安推出的衡量科学研究绩效，跟踪科学发展趋势的评价工具。它以 Web of Science 平台中的 SCI 和 SSCI 数据库 10 年左右的文献为数据来源，评价一家机构、一名科研人员或一篇论文是否进入世界前 1%，每两个月更新一次。InCites 也是科睿唯安推出的一项学科竞争力分析工具，常与 ESI 配套使用，ESI 只能展示前 1%的学科或机构等，以及高被引论文、热点论文和高水平论文，但不能进行数据的分析，而 InCites 可以从多个层面对学科数据进行分析和可视化展示。从表 8-1 中可知，42 所高校图书馆大部分购买了这两个数据库，为本校的学科分析提供软件支撑，但仅仅利用这两个数据库来进行分析是不够的。从表中可以看出，受调查的 42 所高校图书馆利用的工具主要是 EIS 和 InCites 数据库。其中与这两个数据库相似的一个评价工具为爱思唯尔公司推出的 SciVal，它也是一个分析科研趋势的工具，分析的文献数据来源为 Scopus 数据库，该数据库目前为全球规模最大的文摘和引文数据库。从调查的数据来看，SciVal 的使用普遍性不及 ESI 和 InCites，购买 SciVal 数据库的高校图书馆相对较少。

表 8-1 受调查的高校图书馆开展学科分析服务的情况

名称	是否购买 SciVal	是否购买 ESI 和 InCites	是否开展学科数据分析
清华大学	是	是	是
北京大学	否	是	是
浙江大学	是	是	是
上海交通大学	是	是	是
复旦大学	是	是	是
中国科学技术大学	是	是	是
中山大学	否	是	是
华中科技大学	否	是	是
武汉大学	否	是	是

续表

名称	是否购买 SciVal	是否购买 ESI 和 InCites	是否开展学科数据分析
南京大学	否	购买了 ESI	
北京航空航天大学	否	是	
四川大学	否	是	是
西安交通大学	否	是	是
同济大学	是	是	是
天津大学	是	是	是
哈尔滨工业大学	否	是	是
南开大学	无法访问南开大学的数据库列表，发现 SciVal 的培训通知	在通知公告中发现有 InCites 数据库的试用通知	
电子科技大学	否	是	是
华南理工大学	否	是	
山东大学	否	购买了 ESI	是
吉林大学	否	是	是
厦门大学	否	是	
大连理工大学	否	是	
东南大学	否	是	是
华东师范大学	否	是	是
北京师范大学	是	是	是
西北工业大学	否	是	是
湖南大学	是	是	是
北京理工大学	是	是	是
中南大学	是	是	是
中国农业大学	否	否	是
中国人民大学	是	是	是
重庆大学	是	否	是
西北农林科技大学	否	购买了 ESI	是
兰州大学	否	是	是
东北大学	否	是	
国防科学技术大学	否	是	是

续表

名称	是否购买 SciVal	是否购买 ESI 和 InCites	是否开展学科数据分析
中国海洋大学	否	是	
郑州大学	否	是	是
云南大学	否	购买了 ESI	
新疆大学	否	是	是
中央民族大学	否	否	

数据获取时间：2019-08-05。

在调查中可以发现，虽然各个高校图书馆都开展了学科分析的服务，但其服务的层次却存在很大的差异，主要分为以下 4 个层次：①独立的学科数据分析服务或情报分析服务。这个是比较完善系统的学科分析服务，具备专业的学科数据分析团队，运用信息分析方法和手段，利用各种数据分析的工具，不仅仅是利用 ESI 和 InCites，以形成有价值的情报或数据分析报告，还能够为管理决策和科学研究提供决策支持。例如，清华大学图书馆提供的文献计量分析服务，其服务内容包括学科发展态势分析、学术影响力评价、科研绩效评估、高被引论文检索、论文统计、中国期刊国际影响力评价等；其利用的工具包括 ESI、InCites、SciVal 及其他文献计量的工具。②展示本校的学科分析报告或 ESI 热点论文和高被引论文。该种方式并没有提供深度的学科分析服务，只是在图书馆的网站上提供了 ESI 每期的更新数据，如该校的 ESI 高被引论文列表或热点论文列表等。③专利信息服务。专利也是文献的一种，在科学研究中具有重要的作用，近年来专利数据的分析也成为高校图书馆的学科化服务之一。很多高校图书馆也开展了专利信息服务，其服务内容主要是指专利的分析服务，如专利竞争力分析、专利发展状况分析、专利的布局情况、专利定期预警服务等。调查中的部分高校图书馆虽然没有直接相关的学科分析的服务，但有专利信息服务，该服务也是学科分析服务的一种，因为专利也是学科文献数据的一种，专利数据的分析也是学科分析服务中必不可少的一部分。④学科服务中说明该图书馆提供学科分析服务。虽然在其官网的页面上未找到有关学科数据分析相关服务的导航和目录，但在其学科服务的内容或学科馆员的职责说明中明确有学科态势分析或学科数据分析的相关说明。例如，西北农林科技大学图书馆的学科服务的内容规定中有一项为学科信息的检索和分析服务，要求学科馆员通过检索分析已发表文献，对学科的发展情况进行分析，从其新闻的公告中也可以找到一些关于ESI学科分析的内容。国防科学技术大学图书馆学科服务内容的其中一项为体验个性化服务。其中该服务包括定题服务、学科评价和个人学术评价，学科评价是指分析学科的发展动态及世界排名等。

42所高校图书馆开展学科分析服务的方式主要有两种：①自己提供服务。从调查的结果来看，高校图书馆自己组建团队，为本校科研人员或机构提供该服务的居多。②委托第三方机构。委托第三方机构主要是由于学科分析服务与学科服务是密切相关的，是学科化服务的一部分。很多第三方机构的学科服务平台的功能模块中会有一项学科分析的模块，可以由第三方机构组织团队对这个模块中的关于该学校的某个专业的学科发展趋势或学科竞争力进行数据分析，并撰写学科分析报告。

8.2 高校图书馆学科分析服务内容

在受调查的42所“双一流”高校中，开展学科分析服务的高校对其服务内容做了相关的说明。很多高校图书馆并不直接叫作“学科分析服务”，而是称为“情报信息服务”“情报计量分析服务”“学科数据分析与评估”“科技情报服务”或“学科分析”等。情报分析服务是学科化服务的一个发展方向，指的是以学科馆员为主体，以计量学理论为指导，利用数据分析与数据挖掘工具对文献资源和数据进行分析，为用户提供基于事实数据、科技信息、文献资料等数据的决策信息支持与评价咨询等高度定制化的系列情报分析服务。在“双一流”建设的背景下，情报信息服务进一步扩展其服务内容，将学科的态势、学科竞争力、机构科研能力等内容囊括进来，进一步推进学校的“双一流”建设。

基于调查的数据，可知我国高校图书馆学科分析服务的主要内容包括：①学科发展和竞争力分析。运用文献计量方法和数据分析工具以及ESI或InCites科研评价工具，对与本学校相关的文献资源进行分析，梳理学科发展态势，对本学科的竞争力进行分析，形成学科分析报告，为领导决策、把握学科动向提供支持。最初级的学科分析即利用ESI和InCites，直接提取相关数据或形成简单报告，明确本学科是否进入前1%，或者提供高被引论文，热点论文列表等。②科研人员的绩效评估。该内容评估的对象为科研人员，主要是利用相关的数据分析工具，对科研人员的成果进行阶段性分析，评价该科研人员的发展及对单位的科研贡献或为引进人才提供决策支持。③期刊评价服务。该服务的分析对象为期刊，通过对某机构的科研人员发表的文献所在期刊进行分析，可以为科研人员提供投稿指南。④专利信息服务。调查中的高校图书馆一部分开展了学科数据分析服务，同时也开展专利信息服务；一部分只开展了学科数据分析服务，主要是基于期刊文献信息资源；一部分只开展了专利信息服务。专利信息也是文献资源的一种，尤其近年来国家非常重视专利信息资源的利用。王丽萍、杨波等学者指出高校图书馆专利信息服务的主要内容包括：专利信息素养教育、专利信息检索分析服务、嵌入科研团队的专利信息服务、决策支持专利信息服务。专利信息素养教育与文献信息素养教育一致，需要培养用户对专利信息的检索意识，提高用户专利信息检索的技能；专利信息检索分析主要指专利咨询服务，包括专利信息查询、专利新颖性检索等；更高层次的专利信息服务指能够运用专利分析工具或其他文献统计软件，进行专利布局分析、竞争对手分析、机构/学院的专利分析、专利发展态势分析等，能够为机构提供决策支持。受调查的42所高校图书馆开展的学科数据分析服务具体如表8-2所示。

表8-2 受调查的高校图书馆学科数据分析服务内容

名称	学科数据分析服务内容
清华大学	文献计量分析服务和专利信息服务。内容包括：学科发展态势分析报告、学术影响力评价与科研绩效评估、学科高被引论文检索、论文统计与收录引用检索、中国期刊的国际影响力评价

续表

名称	学科数据分析服务内容
北京大学	研究支持导航中包括学科分析报告，主要是学科竞争力分析报告和学科前沿报告。服务内容在多维文献计量和情报分析基础上，运用海量的科研评价文献资源、高效的分析工具，对本校学科进行了学科竞争力分析。使用的数据处理与分析工具有 InCites、SciVal、ESI、Innography、TDA、SPSS、TableAU、CiteSpace、图表秀等，分析方法包括关键词词频分析、关键词共现分析、学科前沿解析
浙江大学	读者服务中有“情报信息服务”，包括决策咨询（高校信息调研、学科分析、信息咨询）、专利信息（专利检索、专利查新、专利分析、专利讲座）、学科情报（文献信息检索指导、信息推送、信息调研分析）、云中课堂（文献检索、工具介绍、专利课堂、云中知道）、资源工具、案例展示
上海交通大学	提供情报计量分析和专利信息服务。服务内容包括学科竞争力分析、科研人员绩效评估、学科发展态势分析、高被引论文检索、期刊影响力评价。各个学科的博客里面会有 ESI 高被引论文和热点论文的相关展示
复旦大学	学科服务门户网站上有学科数据与评估，包括复旦 ESI 动态、复旦学科年报、复旦专利动态。网站上公布了一些学科数据，如果需要进一步分析各院系的 ESI 表现，需要联系相关学科馆员。复旦 ESI 动态：对复旦大学在 ESI 学科领域的科研表现的分析。复旦学科年报：院系提出需求，学科馆员与院系沟通详细需求，个性化定制学科年报。年报内容包括：院系 ESI 学科评价排名以及 ESI 学科贡献度分析；院系论文、专著、专利等科研产出的影响力分析；院系人员科研产出年度表现及影响力分析；横向对比国内外高校对标院系或学科的科研竞争力分析；院系提出的其他个性化需求。此外，还有复旦专利动态：专利分析报告
中国科学技术大学	电子资源其他文档中有本校 ESI 高被引、热点论文的相关文档：新入选的高被引论文列表和新入选的 ESI 热点论文列表
中山大学	ESI 论文收录榜
华中科技大学	科技情报服务。服务内容包括：学科快报、SCI 收录、ESI 排名、研究案例、研究工具。内容包括：研究高校学科发展情况和学术论文影响力，为高校科研管理部门提供学科发展规划和发展决策相关信息的咨询服务，为高校人事管理部门提供人才建设和人才引进相关信息的咨询服务，为院系和科研单位提供学术影响力评价服务，提供高度定制化的学科分析服务
武汉大学	学科知识服务：以图书馆学科馆员为核心的服务团队，利用基于文献信息与数据的学科发展战略规划与分析工具，提供可定制化的科研分析、科研评价和科研指导的学科知识服务，如论文动态、国际论文统计与分析、ESI 学科动态与学科发展态势分析。国际论文分析及投稿指南：ESI 与学科服务动态
四川大学	学科服务中有 ESI 高水平论文，提供高被引论文和热点论文的列表

续表

名称	学科数据分析服务内容
西安交通大学	学科信息服务。学科信息服务应用文献计量学的方法，结合多种信息分析工具及评价方法，从文献的角度对学科的研究现状和发展趋势进行研究，及时发布相关高校和学科的发展动态，搜集、鉴别和整理相关学科的网络信息资源，参与相关学科文献资源的分析、评价工作，为学校人才培养、科学研究、发展决策提供咨询和服务。ESI 收录期刊列表、西安交通大学 SCIE 论文动态、本校 ESI 热点论文与高被引论文
同济大学	有专门的情报分析与服务的门户网站，包括各种分析报告的成果，内容非常丰富。情报分析与服务：决策咨询中包括学科评价、人才评估、专题调研，还包括科研绩效的数据分析。同济大学图书馆情报分析与研究部依托海量馆藏资源，以用户需求为导向，借助情报分析工具，为用户提供基于科研文献、事实型数据、专利等基础数据的决策咨询、专利分析、科研绩效评价、学科分析等情报服务
天津大学	情报分析与研究。提供科技论文、专著、专利等科研成果的定量评价、认证、学位论文管理和学科评价分析服务。服务内容包括：科研态势及成果分析与评估服务、专利情报服务、产业竞争力分析、科研项目情报服务
哈尔滨工业大学	专利信息服务：专利服务、专利教育和专利宣传。 学科服务：SCI 咨询服务、EI 咨询服务、中外文核心期刊
电子科技大学	知识产权信息服务中心：知识产权信息服务、知识产权教育与培训。提供专利检索分析、专利布局分析、竞争对手分析、专利跟踪预警、专利申请新颖性预检索、专利竞争力分析、机构/学院专利分析报告、专利运营分析
山东大学	学科服务工作内容中包括根据各学院需求，为院系提供基于文献资源的学科发展趋势分析、科研学术影响力评价等分析工作
吉林大学	学科服务的工作内容中包括参与相关学科文献资源的分析、评价工作
东南大学	科研支持中的学术评价，包括学科态势分析、竞争力分析、科研绩效分析、学术期刊评价、学科评价工具、学科排名导引、投稿指南。科研支持中的研究服务包括课题咨询与前沿跟踪。LibGuides 平台中有一条导引是情报分析服务，有决策咨询、信息咨询、科研评价、学科分析、研究工具。目前 WOS、Scopus、Innography 等成为主要的学科分析工具，其他如 Google Scholar、Altmetric. com、Soopat、Microsoft Academic Search 也成为计量数据源
华东师范大学	学科服务范围中有一项为学科竞争力分析，根据院系需求，开展本校相关学科发展态势及竞争力分析
北京师范大学	科研产出统计分析，学科服务中的定题服务涉及文献的统计
西北工业大学	研究支持中的学科服务中有一项为情报分析与决策支持工作。利用已有的学科分析评估工具如 ESI、InCites、EI、SCI 等，开展相关的学科分析和评估工作，旨在支持领导决策，把握学科动向，为用户的科研提供参考。在参考咨询中有发布 ESI 最新动态

续表

名称	学科数据分析服务内容
湖南大学	学科服务平台中有学科分析
北京理工大学	①服务。科研服务中包含 ESI 学科排名统计结果。②ESI 信息通报。③情报咨询服务。在分析方法方面，根据咨询业务的实际需求采用具体的分析方法，如 PEST 分析法、SWOT 分析法、德尔菲法等；在分析工具方面，目前拥有 SPSS、TDA 等分析工具，Incites 论文在线分析软件，为数据分析、数据挖掘提供有效的分析平台。
中南大学	学科服务平台中有学科分析的模块，包括 ESI 学科的分析
中国农业大学	科研服务中有专利信息服务，包括专利培训、专利咨询、专利检索分析、专利资源导航
中国人民大学	服务里面有引文统计、ESI 学科动态，属于学科服务。ESI 学科动态每期都有，内容主要包括本校 ESI 论文总体情况；本校各学科总体情况；进入 ESI 的优势学科国际、国内位置分析；未进入 ESI 潜力学科差距分析；本校高被引论文和热点论文
重庆大学	知识产权信息服务：信息服务中心积极为校内职能部门、学院、企事业单位提供知识产权咨询、专利检索、专利代理、专利分析、知识产权培训等多样化的信息服务
西北农林科技大学	学科服务内容的规定中有一项为学科信息的检索和分析服务。获取相关的学科内容、发展、热点研究者和研究机构等信息，熟悉学科的研究发展情况。结合学科内容、动态，收集相应学科院系的文献目录，负责选择学校重点学科所需的文献资源，试用、评价、综述学科的资源学术动态。此外，还有一些关于 ESI 学科分析的内容
兰州大学	图书馆服务中包括情报分析研究。其服务内容包括：世界主要大学排行榜及科研评价指标监测（主要大学排行监测、主要科研评价指标监测），科研产出态势综合分析，主要学科科研热点监测分析，校内机构科研态势综合分析，兰州大学人才科研绩效监测分析（引进人才的科研产出及影响力分析、科研团队的科研产出及影响力分析、高产作者科研态势及贡献分析），兰州大学重大科研项目情报服务，兰州大学与国内部分院校科研态势对标分析，兰州大学与其他院校学者科研指数对标分析
国防科学技术大学	学科服务的内容中有一项为体验个性化服务，包括定题服务、学科评价、个人学术评价、文献传递。其中，学科评价：学科发展动态、世界排名等；个人学术评价：发表的论文被 SCI、EI、ISTP（现更名为 CPCI-S）及 CSCD 等收录及引用、排名情况等
郑州大学	纬度学科服务平台中提供学科分析，包括 ESI 学科分析、学科评估与排名
新疆大学	服务中有学科信息服务，但只有一项论文的收录统计

数据获取时间：2019-08-05。

8.3 结论和建议

通过分析，可以得出以下结论：

（1）在“双一流”建设的推动下，很多高校开展了学科分析服务，图书馆成为开展该服务的主体之一 。学科分析服务的对象为文献资源，而图书情报专业研究的对象也是文献资源，并具备文献计量的知识和相关工具的使用，具备天然学科分析的优势，因此，高校图书馆应该以此为契机，发展自己的创新且有价值的服务，提高自己在机构中的地位。

（2）调查中的高校大部分购买了相关的数据库和科研分析工具，但各个高校图书馆开展的学科分析服务存在差异。一部分高校图书馆的学科分析服务与情报信息服务和专利分析服务相结合，已成一定体系，而有些高校图书馆的学科分析服务还只是简单分享一下本机构的 ESI 热点论文和高被引论文列表。学科分析服务的发展需要专业的文献计量知识和数据分析能力，高校图书馆应该引进相关专业人才或对本机构内的人员进行相关培训，发展一支学科分析服务的团队，提高本机构的学科分析服务能力和水平。

（3）受调查的各个高校的学科分析服务的内容相似，主要包括学科发展态势评估、学科竞争力分析、科研人员科研能力分析、期刊分析和专利分析等。

[参考文献]

[1] 刘楠，陈新艳，员媛，等. 基于 ESI 和专利文献信息的图书馆学科知识服务实践：武汉理工大学图书馆支持高校“双一流”建设实例[J]. 图书馆学研究，2017（12）：76-83.

[2] 文献计量分析服务[EB/OL].[2019-08-06]. http：//lib. tsinghua. edu. cn/service/docqua. html.

[3] 学科服务[EB/OL].[2019-08-06]. https：//lib. nwsuaf. edu. cn/

fw/xkfw/index. htm.

［4］学科服务［EB/OL］.［2019－08－06］. http：//library. nudt. edu. cn/newsinfo？id＝1438&cid＝33.

［5］情报计量分析［EB/OL］.［2019－08－08］. http：//www. lib. sjtu. edu. cn/f/content/detail. shtml？id＝6099&lang＝zh－cn.

［6］王丽萍，杨波，秦霞，等. 高校图书馆专利信息服务内容、模式与趋势［J］. 图书情报工作，2015，59（6）：113-119.

9 高校图书馆学科分析实例

9.1 河南理工大学学科分析实例

依据 ESI 数据库、InCites 数据库以及 Web of Science 平台的数据，对河南理工大学进入前 1%的学科（工程学）以及潜力学科（材料、数学、化学）进行年度跟踪，对其年度变化进行了分析；对河南省工程学进入前 1%和国内煤炭高校工程学进入前 1%的高校进行了对比分析和年度跟踪分析，并对河南理工大学的高水平论文进行了跟踪分析。

9.1.1 河南理工大学优势学科的年度变化

9.1.1.1 2018 年河南理工大学工程学在 ESI 中的变化

2018 年度，河南理工大学的工程学已经进入前 1%，其学科表现具体如表 9-1 所示。工程学目前处于稳步发展阶段，从排名上看，虽然工程学进入前 1%的机构总数由于数据范围的变化，3 月和 5 月出现了下降，但总体上是呈上升趋势，如图 9-1 所示，折线代表的是河南理工大学工程学在所有工程学进入前 1%的总机构中的排名情况。另外，从论文数和被引频次上看，河南理工大学工程学的总被引频次处于稳步上升的状态，如图 9-2 所示，中间的折线为河南理工大学进入前 1%的阈值，可以看出，阈值变化比较平缓。

表 9-1　2018 年度河南理工大学工程学在 ESI 中的学科表现

月份	在机构总数中的排名	保持力/%	论文数/篇	被引频次/次	阈值/次	篇均被引/次	高水平论文/篇	高被引论文/篇	热点论文/篇
1	1099/1342	132.65	538	2905	2190	5.4	8	8	0
3	1085/1369	140.03	563	3138	2241	5.57	9	9	0
5	984/1324	151.33	595	3355	2217	5.64	9	9	0
7	978/1343	157.61	624	3625	2300	5.81	10	10	0
9	965/1376	168.15	661	3881	2308	5.87	9	9	0
11	950/1396	173.84	698	4120	2370	5.9	11	11	0

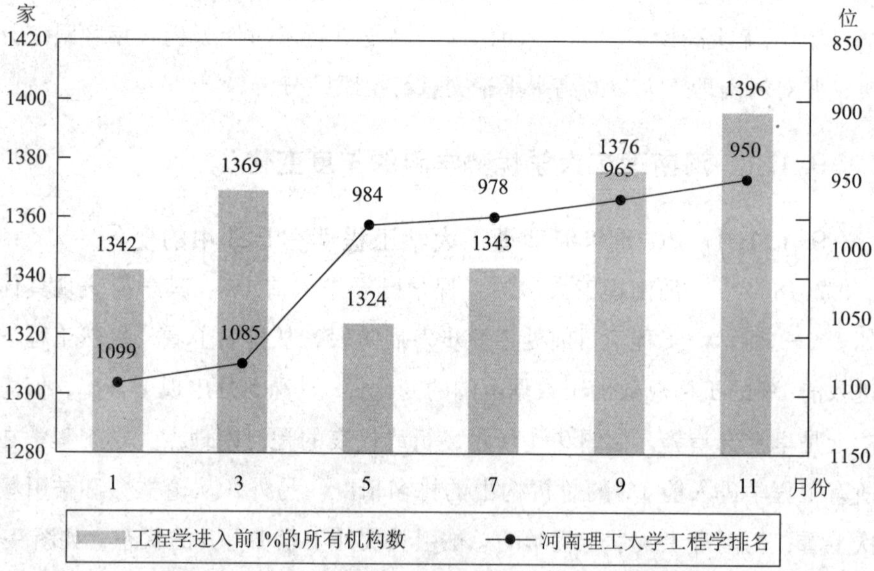

图 9-1　2018 年度河南理工大学工程学在所有工程学进入前 1%的机构中的排名变化趋势

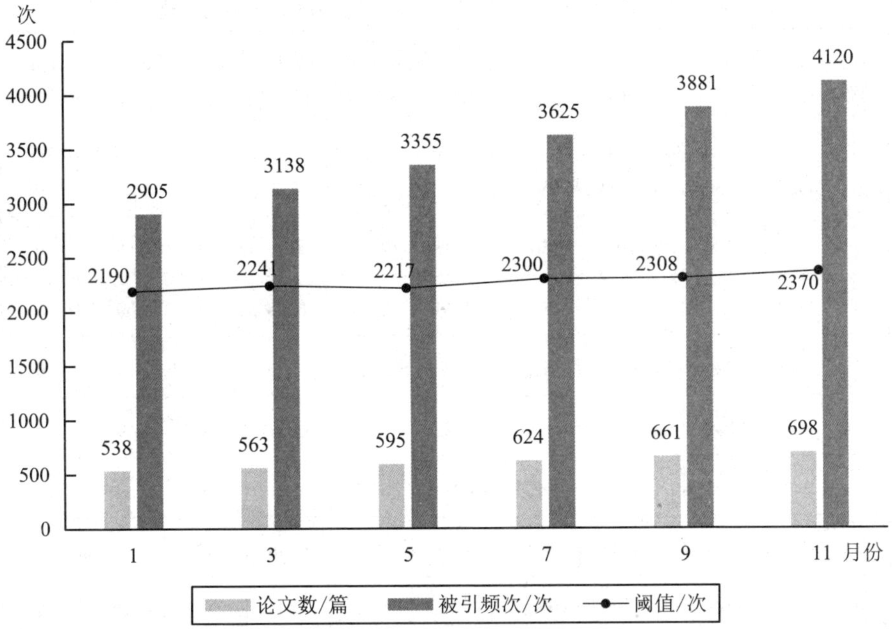

图 9-2 河南理工大学工程学 2018 年度论文数与被引频次的变化趋势

9.1.1.2 2018 年河南理工大学工程学在 InCites 中的变化以及与 ESI 中数据的对比

从表 9-2 中可以看出，河南理工大学的工程学在 InCites 中的综合表现呈稳步上升的趋势。从生产力来说，论文数一直在上升；从影响力来说，被引频次和篇均被引也呈上升趋势，高被引论文数呈上下浮动的趋势，但工程学的高被引论文相对于其他学科来说是最多的；从排名来讲，工程学在所有工程学的机构中的排名一直在上升；从保持力来说，工程学也一直在上升。单从工程学的表现来说，总体是一直处于上升趋势的，但从后面的分析中可以看出，其他进入前 1%的高校工程学也一直在上升；从上升的趋势来看，上升的幅度并不算大，尤其在后文与工程学进入前 1%的河南省和国内煤炭类高校的对比分析中可以看出，本优于山东科技大学的工程学，在 2018 年 9 月和 11 月的统计中，排名逐渐落后了。

表 9-2　2018 年河南理工大学工程学在 InCites 中的表现

月份	排名	机构数/家	保持力/%	论文数/篇	被引频次/次	阈值/次	篇均被引/次	高水平论文/篇	高被引论文/篇	热点论文/篇
2	1135	7230	160.64	567	3518	2190	6.2	8	8	0
3	1135	7230	156.98	567	3518	2241	6.2	8	8	0
4	1133	7361	162.03	578	3631	2241	6.28	9	9	0
5	1128	7479	167.16	592	3746	2241	6.33	9	9	0
6	1039	7549	172.85	607	3832	2217	6.31	9	9	0
7	1029	7725	182.63	623	4049	2217	6.5	9	9	0
8	1029	8108	181.35	636	4171	2300	6.56	10	10	0
9	1010	8285	188.70	653	4340	2300	6.65	10	10	0
10	1006	8445	194.80	676	4496	2308	6.65	9	9	0
11	1004	8689	199.61	693	4607	2308	6.65	9	9	0
12	1006	8794	199.62	710	4731	2370	6.66	11	11	0

从表 9-3 和图 9-3 中可知河南理工大学工程学在 ESI 中被引频次的数据与 InCites 中数据的差值有多少，平均差值为 560 次。

表 9-3　河南理工大学工程学在 ESI 和 InCites 中表现的差值

月份	ESI 中被引频次/次	InCites 中被引频次/次	差值	平均差值
1	2905	3518	613	560
3	3138	3631	493	
5	3355	3832	477	
7	3625	4171	546	
9	3881	4496	615	
11	4120	4731	611	

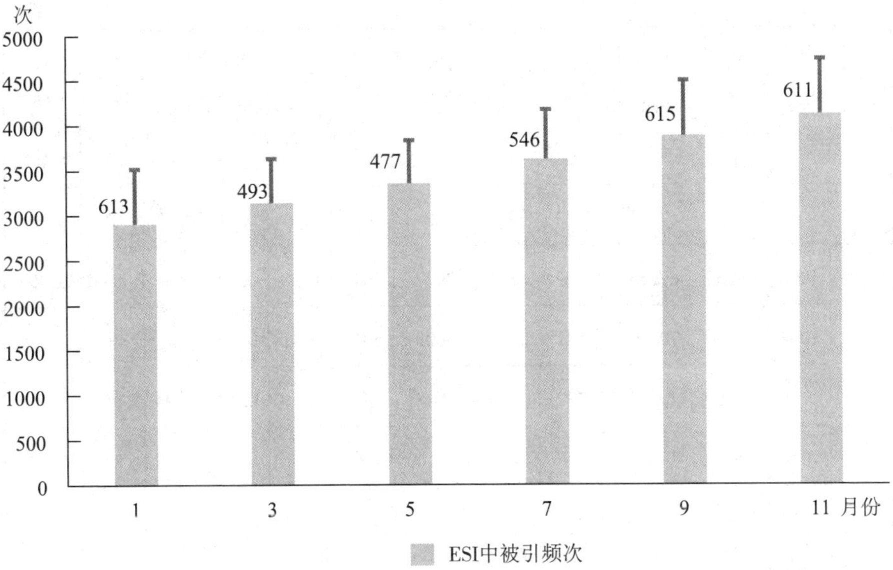

图 9-3 河南理工大学工程学在 ESI 和 InCites 中表现的差值

9.1.1.3 2018 年河南理工大学材料学在 InCites 中的变化

表 9-4 中的阈值是 ESI 材料学科机构中可以进入前 1%的最低被引频次；篇均被引指引文影响力，展现的是该组文献中某一篇文献获得的平均引用次数；CNCI 指的是学科规范化的引文影响力，展现的是文献的被引表现；JNCI 指的是期刊规范化的引文影响力，展现的是论文在所发表期刊上的影响力；国际合作论文指包含一位或多位国际共同作者的论文；相对于全球平均水平影响力展示了某项研究的影响力与全球研究影响力的关系，反映了相对的科研绩效水平。

表 9-4 2018 年河南理工大学材料学在 InCites 中的变化

月份	排名	机构数/家	潜力值/%	论文数/篇	被引频次/次	修改后被引频次/次	阈值/次	篇均被引/次	CNCI	JNCI	国际合作论文/篇	相对于全球平均水平影响力
2	1092	6526	69.16	523	3388	2828	4899	6.48	0.71	0.91	82	0.647

续表

月份	排名	机构数/家	潜力值/%	论文数/篇	被引频次/次	修改后被引频次/次	阈值/次	篇均被引/次	CNCI	JNCI	国际合作论文/篇	相对于全球平均水平影响力
3	1092	6526	67.18	523	3388	2828	5043	6.48	0.71	0.91	82	0.647
4	1092	6662	69.15	529	3487	2927	5043	6.59	0.71	0.9	83	0.497
5	1094	6766	70.75	541	3568	3008	5043	6.6	0.76	1	84	0.495
6	1055	6821	70.73	532	3508	2948	4960	6.59	0.77	0.94	84	0.4
7	1046	6969	74.11	549	3676	3116	4960	6.7	0.77	0.95	85	0.404
8	1042	7309	72.77	552	3809	3249	5234	6.9	0.8	0.99	85	0.416
9	1030	7455	75.95	564	3975	3415	5234	7.05	0.8	0.99	86	0.424
10	1030	7609	77.11	576	4106	3546	5325	7.13	0.81	1.01	87	0.427
11	1029	7831	79.36	585	4226	3666	5325	7.22	0.8	0.99	87	0.43
12	1021	7931	79.58	599	4364	3804	5484	7.29	0.82	0.98	89	0.43

在科研生产力方面，主要使用高被引论文数量和 WOS 论文数量来评价。从表 9-4 中可以看出，河南理工大学材料学科 2018 年的排名、论文数都呈稳步上升的趋势。在影响力评价方面，主要使用篇均被引、被引频次、相对于全球平均水平影响力、CNCI 和 JNCI 等几个指标来衡量。从表 9-4 中可以看出，河南理工大学的材料学科的被引频次、篇均被引、CNCI、JNCI 都呈平缓上升的趋势，但相对于全球平均水平影响力在不同月份上下浮动。在合作方面，主要看国际合作论文，河南理工大学的材料学科文献呈上升趋势。

根据图 9-4 和 InCites 中的数据，2019 年年底，河南理工大学的材料学科进入 ESI 前 1%，但是由于收录数据及更新数据的不一致，InCites 中的数据是高于 ESI 中的数据的。因此，在该次研究中，依据河南理工大学工程学在 ESI 和 InCites 中的数据表现，对材料学科的被引频次进行了修改，修改后的被引频次预测在 2020 年中有望进入 ESI 的前 1%，但这个预测方法也有缺陷，因为这是按照工程学的变化来预测的，学科不一致会导致预测的结果不太准确。如果按被引频次增长的平均数和阈值增长的平均数来估算，材料学科大概需要 3. 2 年可以进入 ESI 前 1%。实际河南理工大学的材料学科在 2020 年 3 月首次进入 ESI 前 1%。

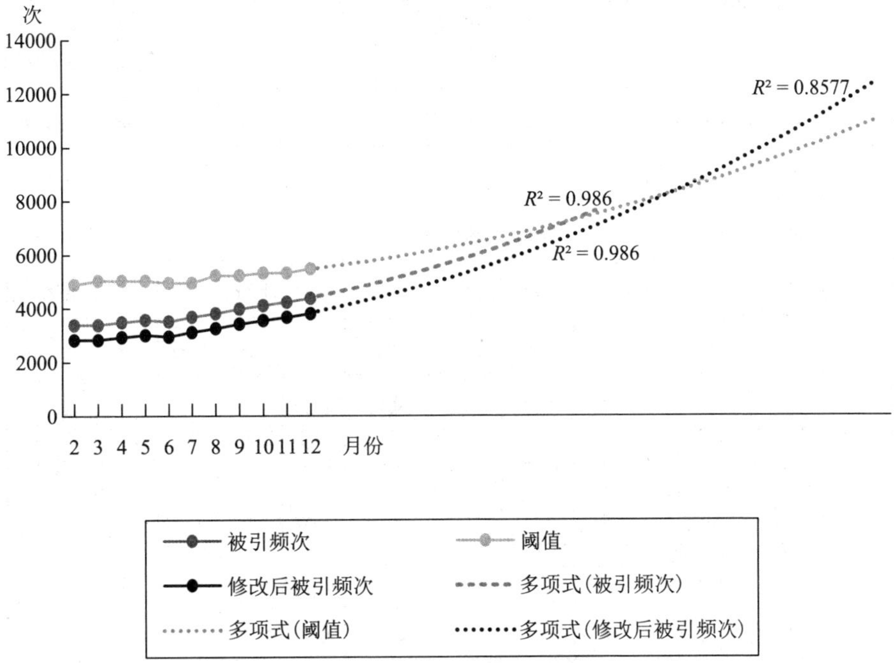

图 9-4 河南理工大学图书馆材料学科发展趋势预测

9. 1. 1. 4 2018 年河南理工大学数学在 InCites 中的变化

从表 9-5 可以看出河南理工大学的数学学科在 InCites 中的科研表现。在科研生产力方面，主要使用高被引论文（Highly Cited Paper）数量和 WOS 论文数量来评价。河南理工大学数学学科 2018 年的排名、论文数都呈稳步上升的趋势。在影响力评价方面，主要使用篇均被引、被引频次、相对于全球平均水平影响力、CNCI 和 JNCI 等几个指标来衡量，可以看出，河南理工大学的数学学科的被引频次、篇均被引、CNCI、JNCI 都呈平缓上升的趋势，但相对于全球平均水平影响力而言，存在上下浮动现象，基本上处于下降趋势。在合作方面，主要看国际合作论文数量，可以看出河南理工大学的数学学科发展也呈上升趋势。

表 9-5　2018 年河南理工大学数学学科在 InCites 中的表现

月份	排名	机构数/家	潜力值/%	论文数/篇	被引频次/次	阈值/次	篇均被引/次	CNCI	JNCI	国际合作论文/篇	相对于全球平均水平影响力
2	433	5457	65. 83	563	2697	4097	4. 79	1. 36	1. 67	98	0. 479
3	433	5457	63. 99	563	2697	4215	4. 79	1. 36	1. 67	98	0. 479
4	439	5572	64. 56	569	2721	4215	4. 44	1. 3	1. 62	98	0. 36
5	441	5649	65. 43	573	2758	4215	4. 81	1. 26	1. 57	100	0. 361
6	415	5644	67. 07	560	2576	3841	4. 6	1. 23	1. 53	98	0. 279
7	419	5726	68. 37	572	2626	3841	4. 59	1. 23	1. 5	100	0. 277
8	421	5946	66. 77	576	2672	4002	4. 64	1. 23	1. 49	101	0. 28
9	421	6032	67. 77	581	2712	4002	4. 67	1. 23	1. 5	102	0. 281
10	422	6101	67. 50	592	2779	4117	4. 69	1. 22	1. 49	106	0. 281
11	425	6270	68. 86	604	2835	4117	4. 69	1. 22	1. 47	106	0. 28
12	424	6344	68. 23	607	2865	4199	4. 72	1. 19	1. 44	106	0. 28

河南理工大学数学学科的科研表现如图 9-5 所示，该校的数学学科排名变动起伏较大，2018 年 5—6 月有较大幅度的上升，6 月之后缓慢下降，12 月又缓慢上升。

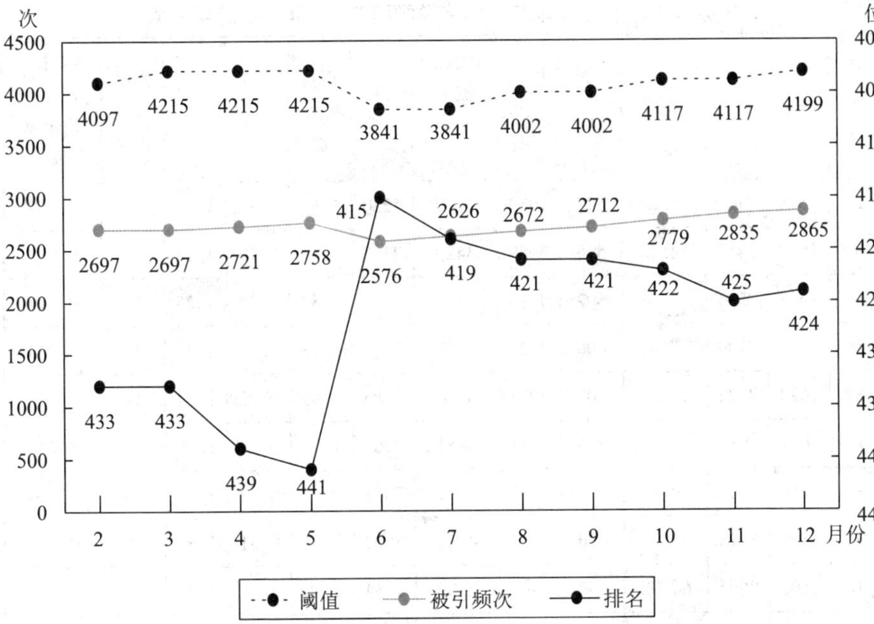

图 9-5　2018 年河南理工大学数学学科的科研表现

9.1.1.5　2018 年河南理工大学化学在 InCites 中的变化

河南理工大学的化学学科在 InCites 中的科研表现如图 9-6 所示。在科研生产力方面，主要使用高被引论文数量和 WOS 论文数量来评价。河南理工大学化学学科 2018 年的排名、论文数都呈稳步上升的趋势，高被引论文数量变化不大，一直稳定在 2~3 篇。在影响力评价方面，主要使用篇均被引、被引频次、相对于全球平均水平影响力、CNCI 和 JNCI 等几个指标来衡量。可以看出，河南理工大学的化学学科的被引频次、篇均被引、CNCI、JNCI 都存在上下浮动的现象，但在被引频次和篇均被引方面一直呈上升趋势。在合作方面，可以看出河南理工大学的化学学科国际合作论文篇数呈上升趋势。

表 9-6　2018 年河南理工大学化学学科在 InCites 中的学科表现

月份	排名	机构数/家	潜力值/%	论文数/篇	被引频次/次	修改后被引频次/次	阈值/次	篇均被引/次	CNCI	JNCI	国际合作论文	相对于全球平均水平影响力
2	1698	7417	55. 25	598	3989	3429	7220	6. 67	0. 73	1. 28	53	0. 667
3	1698	7417	54. 24	598	3989	3429	7355	6. 67	0. 73	1. 28	53	0. 667
4	1698	7586	56. 03	602	4110	3550	7335	6. 83	0. 74	1. 25	53	0. 514
5	1696	7709	57. 63	606	4227	3667	7335	6. 98	0. 73	1. 24	54	0. 523
6	1620	7772	58. 28	609	4234	3674	7265	6. 95	0. 72	1. 24	54	0. 422
7	1617	7939	60. 72	629	4411	3851	7265	7. 01	0. 74	1. 26	55	0. 424
8	1610	8341	59. 89	644	4553	3993	7602	7. 07	0. 78	1. 26	56	0. 426
9	1599	8518	62. 10	650	4721	4161	7602	7. 26	0. 81	1. 26	56	0. 436
10	1600	8692	64. 02	667	4862	4302	7594	7. 29	0. 8	1. 35	57	0. 437
11	1611	8987	65. 42	676	4968	4408	7594	7. 35	0. 78	1. 3	58	0. 44
12	1617	9103	65. 16	690	5086	4526	7806	7. 37	0. 77	1. 31	59	0. 44

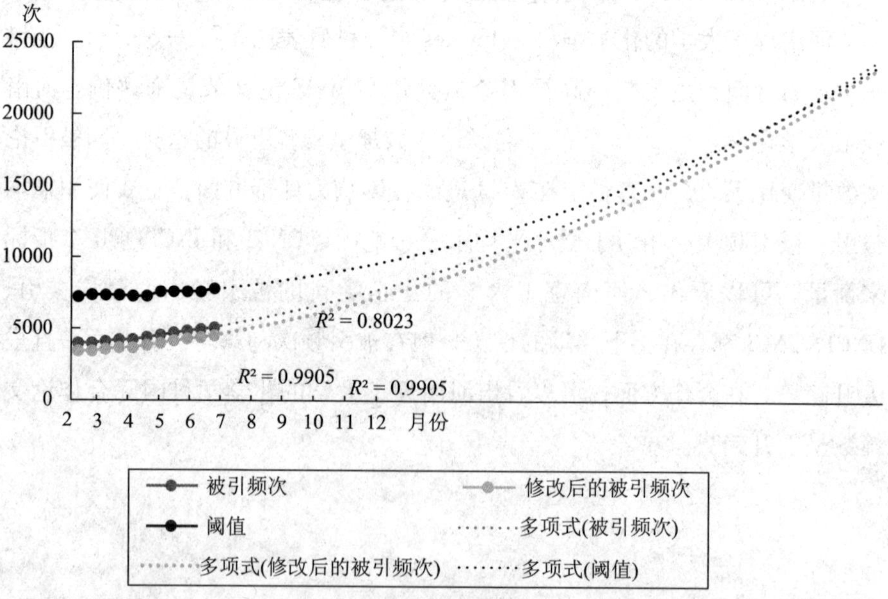

图 9-6　2018 年河南理工大学图书馆化学学科发展趋势预测

根据图 9-6、InCites 中的数据，2022 年，河南理工大学的化学学科有望进入 ESI 前 1%，如果按被引频次增长的平均数和阈值增长的平均数来估算，从 2019 年开始，大概需要 6.2 年可以进入 ESI 前 1%。实际河南理工大学的化学学科在 2020 年 7 月首次进入 ESI 前 1%。

9.1.2 河南省及国内煤炭高校工程学的年度跟踪及对比分析

9.1.2.1 河南省进入 ESI 前 1%高校的学科情况

2018 年度，河南省有 8 所高校的学科进入了 ESI 前 1%，分别是郑州大学、河南理工大学、河南大学、河南农业大学、河南师范大学、河南工业大学、新乡医学院、洛阳师范学院。各高校具体进入前 1%的学科情况如表 9-7 所示。郑州大学 2018 年度有 6 个学科进入前 1%，其中生物学与生物化学是在 1 月的统计中进入前 1%的。河南大学有 3 个学科进入前 1%，其中临床医学是在 9 月的统计中进入前 1%的。河南农业大学有 2 个学科进入前 1%。河南师范大学有 3 个学科进入前 1%，其中材料科学是在 9 月的统计中进入前 1%的。河南工业大学有 1 个学科进入前 1%。新乡医学院有 1 个学科进入前 1%。洛阳师范学院有 1 个学科进入前 1%。

表 9-7 2018 年河南省进入 ESI 前 1%的高校及学科

学科	郑州大学	河南大学	河南理工大学	河南农业大学	河南师范大学	河南工业大学	新乡医学院	洛阳师范学院
农业科学				●		●		
生物学与生物化学	●							
化学	●	●			●			●
临床医学	●	●					●	
计算机科学								
经济学与商业								
工程学	●		●		●			
环境/生态								
地球科学								

续表

学科	郑州大学	河南大学	河南理工大学	河南农业大学	河南师范大学	河南工业大学	新乡医学院	洛阳师范学院
免疫学								
材料科学	●	●			●			
数学								
微生物学								
分子生物学与遗传学								
多学科								
神经科学与行为								
药理学与毒理学	●							
物理								
植物与动物科学				●				
精神病学/心理学								
一般社会科学								
空间科学								
数量	6	3	1	2	3	1	1	1

9.1.2.2 河南省进入ESI前1%高校的综合排名对比

从表9-8和图9-7中可以看出，除郑州大学的排名呈稳步上升的趋势外，其他5所高校都有微小的上下浮动。其中河南理工大学在5月的统计中排名是一年中最高的，在11月的统计中是比较低的。从排名上看，可以分为3个层次：郑州大学明显高于其他高校，属第一层次；河南大学和河南师范大学属第二层次；其他高校属于第三层次。

表9-8 2018年河南省进入ESI前1%高校的综合排名对比情况

月份	郑州大学	河南大学	河南理工大学	河南农业大学	河南师范大学	河南工业大学	新乡医学院	洛阳师范学院
1	913	1792	3030	3171	1745	3110	3743	3341
3	910	1813	3065	3238	1764	3166	3779	3425

续表

月份	郑州大学	河南大学	河南理工大学	河南农业大学	河南师范大学	河南工业大学	新乡医学院	洛阳师范学院
5	857	1766	2937	3119	1743	3061	3579	3363
7	856	1799	2996	3201	1780	3143	3661	3470
9	852	1821	3053	3283	1791	3232	3758	3596
11	844	1805	3045	3294	1796	3244	3761	3624

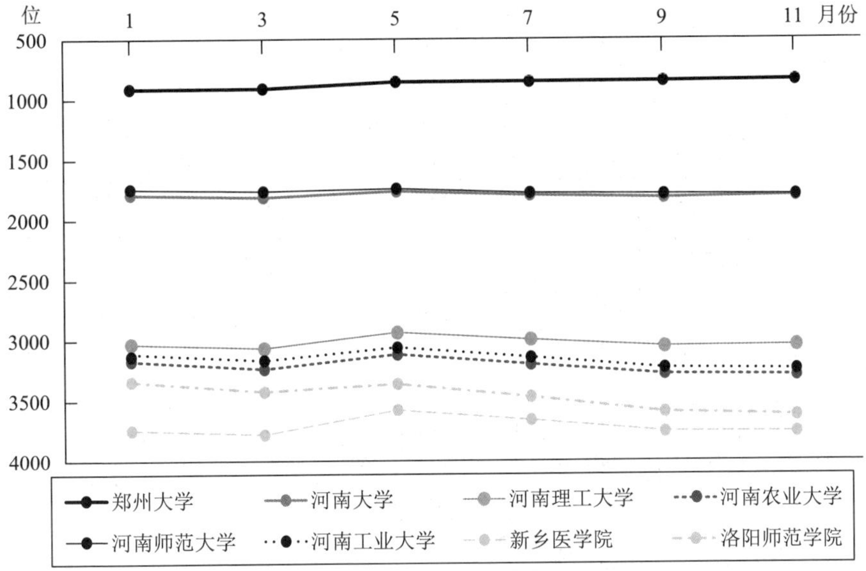

图 9-7　河南省进入 ESI 前 1%高校的排名情况

9.1.2.3　国内煤炭高校进入 ESI 前 1%的科研表现

在学科方面，国内煤炭高校进入 ESI 前 1%的情况如表 9-9 所示。从表 9-10 和图 9-8 中可见，这 5 所高校的综合排名中，中国矿业大学排名最高，其次是太原理工大学，河南理工大学排在第三，但从图 9-8 中可知，在 9 月的统计中，山东科技大学开始赶超河南理工大学，在 11 月的统计中已超过河南理工大学。

表 9-9　2018 年国内煤炭高校进入前 1%的学科情况

煤炭高校	进入 ESI 前 1%学科的数量	学科名称
中国矿业大学	4	工程学、地理科学、化学、材料科学
太原理工大学	3	材料科学、化学、工程学
淮北师范大学	1	化学
山东科技大学	1	工程学
河南理工大学	1	工程学

表 9-10　2018 年国内煤炭高校进入前 1%的科研表现情况

煤炭高校	月份	综合排名	机构总数/家	论文数/篇	被引频次/次	篇均被引/次	高水平论文/篇	高被引论文/篇	热点论文/篇
中国矿业大学	1	1503	5701	9849	55081	5.59	124	124	5
	3	1493	5776	10305	59315	5.76	138	135	15
	5	1378	5578	10587	62055	5.86	134	133	14
	7	1378	5603	11117	66835	6.01	137	136	10
	9	1368	5701	11622	72255	6.22	155	154	14
	11	1342	5757	12143	77704	6.4	169	167	19
太原理工大学	1	2040	5701	5984	33762	5.64	37	37	3
	3	2046	5776	6205	36383	5.86	39	39	1
	5	1926	5578	6288	37664	5.99	40	39	2
	7	1947	5603	6558	40494	6.17	50	49	6
	9	1945	5701	6823	43212	6.33	53	53	4
	11	1916	5757	7054	46053	6.53	60	60	5
淮北师范大学	1	3293	5701	1277	13759	10.77	15	15	0
	3	3356	5776	1316	14489	11.01	15	15	0
	5	3238	5578	1320	14687	11.13	20	20	0
	7	3337	5603	1349	15393	11.41	20	19	2
	9	3430	5701	1385	16104	11.63	24	24	1
	11	3433	5757	1405	16932	12.05	22	22	1
山东科技大学	1	3333	5701	2883	13333	4.62	38	34	6
	3	3327	5776	3097	14796	4.78	52	51	16
	5	3126	5578	3210	15780	4.92	72	66	27
	7	3126	5603	3451	17658	5.12	85	82	24
	9	3093	5701	3691	19706	5.34	119	117	33
	11	2984	5757	3986	22368	5.36	161	161	41

续表

煤炭高校	月份	综合排名	机构总数/家	论文数/篇	被引频次/次	篇均被引/次	高水平论文/篇	高被引论文/篇	热点论文/篇
河南理工大学	1	3030	5701	3138	16496	5.26	20	20	0
	3	3065	5776	3238	17516	5.41	20	20	0
	5	2937	5578	3274	17895	5.47	20	20	0
	7	2996	5603	3404	19056	5.6	22	22	0
	9	3053	5701	3538	20278	5.73	22	22	1
	11	3045	5757	3674	21458	5.84	28	28	2

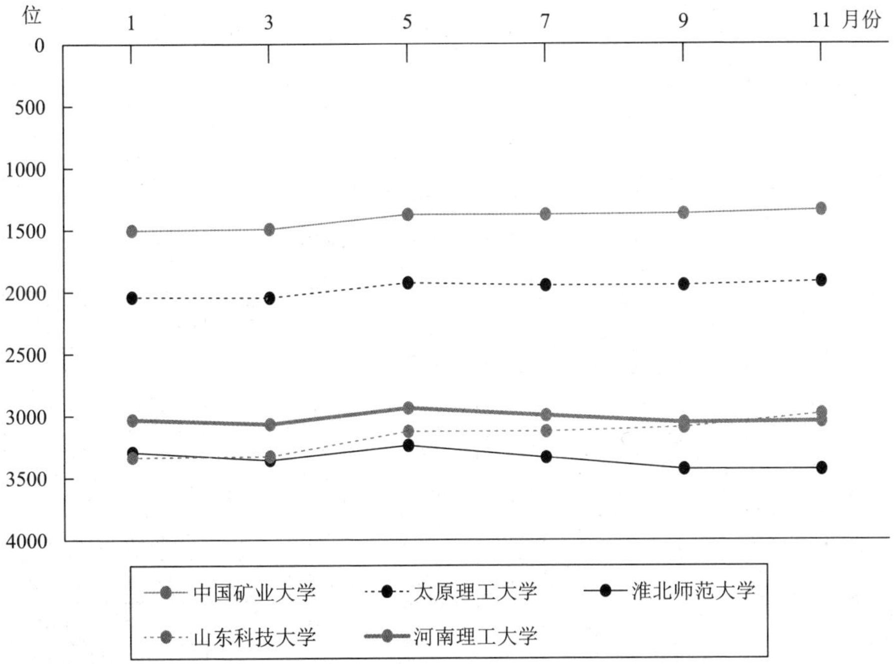

图 9-8 2018 年国内煤炭高校进入前 1%的排名情况

9.1.2.4 工程学进入 ESI 前 1%的国内 6 所高校的变化及对比

从表 9-11 中可见，工程学进入 ESI 前 1%的国内 6 所高校的排名、发表论文数量、被引频次几个指标方面都呈稳步上升的趋势。

表 9-11　2018 年国内 6 所高校在工程学的科研表现

高校	月份	排名	总机构数/家	WOS 论文数/篇	被引频次/次	阈值/次	保持力/%	篇均被引/次
郑州大学	1	647	1342	791	5921	2190	270. 37	7. 49
	3	646	1369	810	6234	2241	278. 18	7. 7
	5	642	1324	814	5845	2217	263. 64	7. 18
	7	642	1343	845	6198	2300	269. 48	7. 33
	9	639	1376	876	6510	2308	282. 06	7. 43
	11	634	1396	914	6823	2370	287. 89	7. 46
河南师范大学	1	1250	1342	257	2457	2190	112. 19	9. 56
	3	1265	1369	263	2570	2241	114. 68	9. 77
	5	1209	1324	266	2505	2217	112. 99	9. 42
	7	1220	1343	276	2630	2300	114. 35	9. 53
	9	1238	1376	283	2726	2308	118. 11	9. 63
	11	1238	1396	294	2843	2370	119. 96	9. 67
河南理工大学	1	1099	1342	538	2905	2190	132. 65	5. 4
	3	1085	1369	563	3138	2241	140. 03	5. 57
	5	984	1324	595	3355	2217	151. 33	5. 64
	7	978	1343	624	3625	2300	157. 61	5. 81
	9	965	1376	661	3881	2308	168. 15	5. 87
	11	950	1396	698	4120	2370	173. 84	5. 9
中国矿业大学	1	297	1342	2672	13562	2190	619. 27	5. 08
	3	284	1369	2816	14783	2241	659. 66	5. 25
	5	249	1324	2968	15773	2217	711. 46	5. 31
	7	240	1343	3161	17185	2300	747. 17	5. 44
	9	226	1376	3327	18709	2308	810. 62	5. 62
	11	219	1396	3500	20358	2370	858. 99	5. 82

续表

高校	月份	排名	总机构数/家	WOS论文数/篇	被引频次/次	阈值/次	保持力/%	篇均被引/次
太原理工大学	1	729	1342	943	5097	2190	232.74	5.41
	3	720	1369	970	5513	2241	246.01	5.68
	5	665	1324	997	5655	2217	255.07	5.67
	7	653	1343	1045	6091	2300	264.83	5.83
	9	638	1376	1101	6531	2308	282.97	5.93
	11	618	1396	1145	6982	2370	294.60	6.1
山东科技大学	1	1137	1342	694	2794	2190	127.58	4.03
	3	1103	1369	753	3070	2241	136.99	4.08
	5	1014	1324	790	3252	2217	146.68	4.12
	7	986	1343	848	3584	2300	155.83	4.23
	9	952	1376	897	3929	2308	170.23	4.38
	11	918	1396	983	4366	2370	184.22	4.44

从图 9-9 中可以看出，国内 6 所高校的工程学排名是稳步上升的过程，中国矿业大学的工程学排名明显是高于其他 5 所高校的，河南师范大学的工程学在 6 所高校中排名是最低的。其中值得关注的是郑州大学的工程学与太原理工大学的工程学的比较以及河南理工大学工程学与山东科技大学工程学的比较。从图中可以看出，两组高校的排名都非常接近，不相上下。其中河南理工大学的工程学排名在 2018 年度 1—7 月的统计中略高于山东科技大学的工程学，但在 9 月和 11 月的统计中则略低于山东科技大学的工程学，尤其是在 11 月的统计中，山东科技大学的工程学进步非常明显。

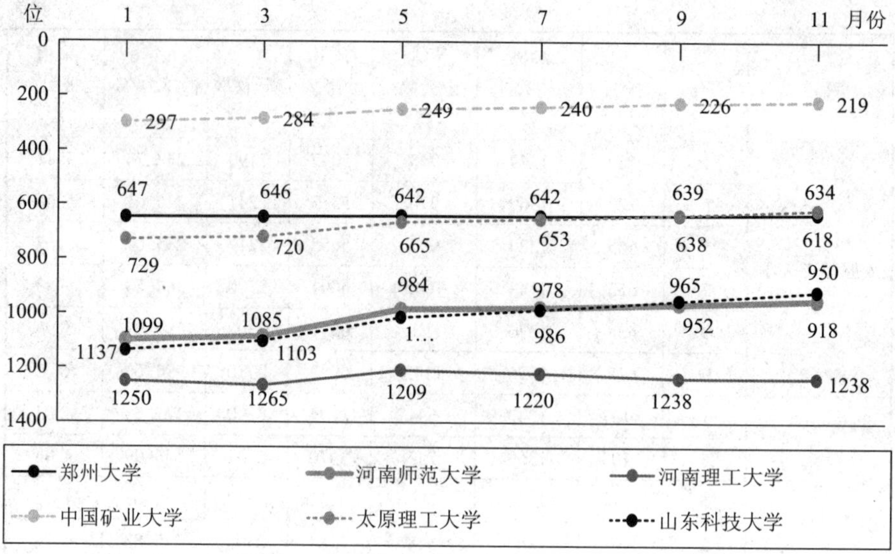

图 9-9　2018 年进入 ESI 前 1%的国内 6 所高校的工程学排名情况

图 9-10 中，横轴代表的是被引频次，竖轴代表的是 CNCI 值，简单来说就是该学科的影响力，国际平均水平是 1；气泡大小代表的是 WOS 论文数量。从图中可知，中国矿业大学的工程学被引频次最高，山东科技大学

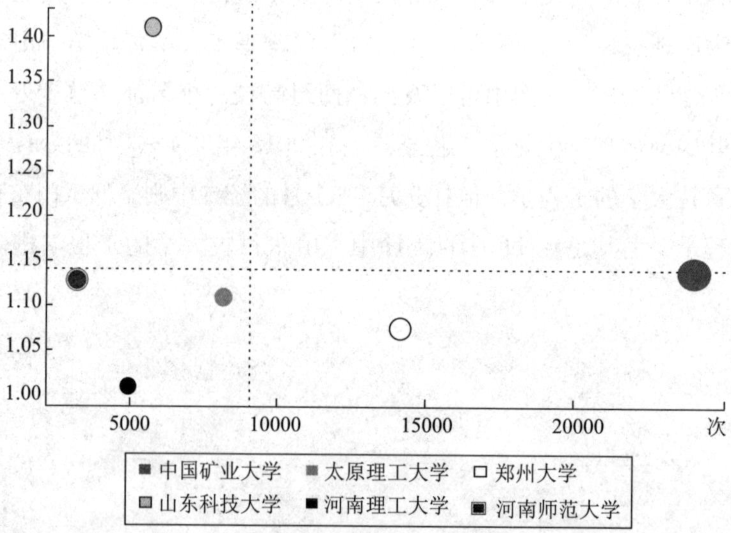

图 9-10　2018 年 12 月国内 6 所高校工程学的科研表现对比

工程学的 CNCI 值最高，即山东科技大学工程学的被引频次虽然不高，但每篇文献的影响力较高。河南理工大学的 CNCI 值最低，论文影响力偏低。

图 9-11 是从被引频次和排名两个方面对河南理工大学工程学的概况进行的分析，并对 2019 年每个阶段进行了预测，预测采用的方法是指数预测，R^2 为回归平方和与总离差平方和的比值，表示总离差平方和中可以由回归平方和解释的比例，这一比例越大，模型越精确，回归效果越显著。R^2 介于 0~1，越接近 1，回归拟合效果越好，一般认为超过 0.8 的模型拟合优度比较高。

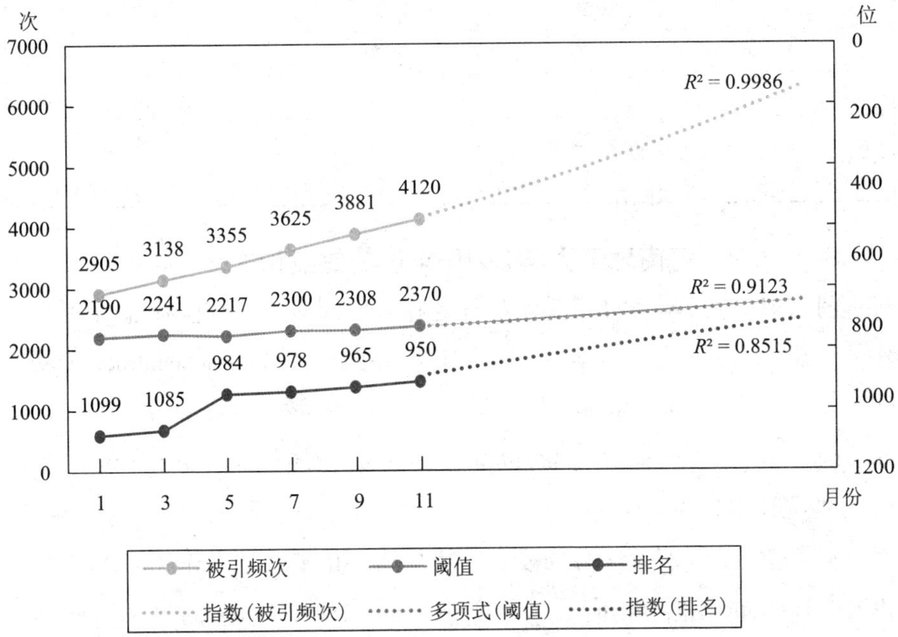

图 9-11　河南理工大学工程学 2018 年度概况及预测

9.1.3　河南理工大学 2018 年度高水平论文分析

ESI 的数据是每 2 个月更新一次，一年共更新 6 次。高被引论文是指按照同一年同一个 ESI 学科发表论文的被引频次由高到低进行排序排在前 1%的论文。热点论文（Hot Paper）是最近两年内发表且被引频次在最近两个月内排名达到本学科领域的全球前0.1%的论文。高水平论文（Top Paper）是高被引论文和热点论文取并集后的论文全集。

9.1.3.1 河南理工大学2018年度高水平论文数量统计

依据2018年度6次统计结果，河南理工大学的高水平论文详情如表9-12所示。

表9-12 河南理工大学2018年度高水平论文数量

月份	高水平论文/篇	高被引论文/篇	热点论文/篇
1	20	20	0
3	20	20	0
5	20	20	0
7	22	22	0
9	22	22	1
11	28	28	2

9.1.3.2 河南理工大学2018年度的热点论文

河南理工大学化学化工学院赵丹老师与中国科学研究院福建研究所合作的一篇高被引论文（$M_2B_{10}O_{14}F_6$（M = Ca，Sr）：Two noncentrosymmetric alkaline earth fluorooxoborates as promising next-generation deep-ultraviolet nonlinear optical materials）同时也是热点论文。该论文在2018年度9月和11月的统计中为热点论文。

河南理工大学材料学院周爱国老师与北京化工大学合作的一篇高被引论文（Hydrophobic，flexible，and lightweight MXene foams for high-performance electromagnetic-interference shielding）同时也是热点论文。该论文在2018年度11月的统计中为热点论文。

9.1.3.3 河南理工大学2018年度高水平论文的学科分布

河南理工大学2018年度高水平论文学科分布情况见表9-13。

表 9-13 河南理工大学 2018 年度高水平论文学科分布情况

月份	化学/篇	工程学/篇	材料/篇	数学/篇	物理学/篇	环境生态/篇
1	2	8	4	6	0	0
3	2	9	3	6	0	0
5	2	9	3	6	0	0
7	2	10	3	6	1	0
9	3	9	4	6	0	0
11	3	11	5	8	0	1

2018 年度，9 月的 1 篇热点论文属于化学学科，11 月 2 篇热点论文分别属于化学和材料学科。

9.1.4 结论和建议

（1）河南理工大学目前只有工程学进入 ESI 前 1%，从整体上看，排名呈稳步上升趋势。但从对标分析中，可以看出，河南理工大学的工程学还需努力。通过与河南省工程学以及国内煤炭院校工程学进入前 1%的高校对比发现，河南理工大学工程学排名明显低于中国矿业大学、郑州大学、太原理工大学。尤其值得注意的是河南理工大学的工程学与山东科技大学工程学的对比，河南理工大学的工程学排名在 2018 年度 1—7 月的统计中略高于山东科技大学的工程学，但在 9 月和 11 月的统计中则略低于山东科技大学的工程学，尤其是在 11 月的统计中，山东科技大学的工程学进步非常明显。从综合的科研表现来看，工程学进入 ESI 前 1%的 6 所高校中中国矿业大学的工程学总被引频次最高，山东科技大学工程学的 CNCI 值最高，河南理工大学工程学的 CNCI 值最低，说明河南理工大学需要提高论文的质量和影响力。

（2）河南理工大学的材料学在 InCites 中的科研表现整体上也是呈稳步上升的趋势，对河南理工大学材料学科的发展进行多项式预测，发现其在 2020 年有望进入 ESI 的前 1%；如果利用被引频次和阈值的增长平均数来计算，从 2019 年开始，大概需要 3. 2 年可以进入 ESI 前 1%。实际河南理工大学的材料学科在 2020 年 3 月首次进入 ESI 前 1%。

（3）河南理工大学的数学学科在 InCites 中的科研表现整体上也是呈稳步上升的趋势，实际河南理工大学的数学学科在 2021 年 7 月首次进入 ESI 前 1%。

（4）河南理工大学的化学学科在 InCites 中的科研表现整体上也是呈稳步上升的趋势，对河南理工大学化学学科的发展进行多项式预测，发现其在 2022 年有望进入 ESI 的前 1%，大概需要 4 年多一点时间；如果利用被引频次和阈值的增长平均数来计算，大概需要 6.2 年可以进入 ESI 前 1%。实际河南理工大学的化学学科在 2020 年 7 月首次进入 ESI 前 1%。

（5）河南省 2018 年度有 8 所高校的学科进入 ESI 前 1%，从综合排名上看，河南理工大学在 8 所高校中的排名为第四，排名前三的分别为郑州大学、河南师范大学、河南大学。

（6）2018 年度，河南理工大学的高水平论文在 1 月、3 月、5 月、7 月、9 月的统计中变化不大，数量一直在 20 篇、22 篇左右。在 11 月的统计中，河南理工大学的高水平论文有较大幅度的变动，数量变为 28 篇，也增加了别的学科，同时有 2 篇热点论文。

9.2 河南理工大学材料学科分析实例

笔者依据 ESI 数据库、InCites 数据库及 WebofScience 平台的数据，对河南理工大学材料学科进行了学科、人员、期刊的深入分析，基于分析结果，给出关于学科发展的决策支持建议。

关于数据库的一些说明：ESI 和 InCites 数据库的数据覆盖的范围为 2008 年 1 月 1 日至 10 月 31 日。InCites 每 1 个月更新一次数据，最新更新数据的时间为 2018 年 12 月 18 日；ESI 每 2 个月更新一次数据，最新更新数据的时间为 2019 年 1 月 18 日。

9.2.1 河南理工大学材料学科总体表现及预测

9.2.1.1 河南理工大学材料学科总体表现

表9-14展示了2018年度河南理工大学材料学科在InCites数据库中的整体学科表现。在InCites中，学科表现主要用以下几个方面来衡量：生产力、影响力、合作、信誉。在科研生产力方面，主要使用高被引论文数量和WOS论文数量来评价。从表9-14中可以看出，河南理工大学材料学科2018年度的排名、论文数都呈稳步上升的趋势。在影响力评价方面，主要使用篇均被引、被引频次、相对于全球平均水平影响力、CNCI和JNCI等几个指标来衡量，可以看出，河南理工大学材料学科的被引频次、篇均被引、CNCI、JNCI都呈平缓上升的趋势，但全球平均水平影响力存在上下浮动现象。在合作方面，主要看国际合作论文，而河南理工大学的材料学科篇数也呈上升趋势。

表9-14 河南理工大学材料学科在InCites中的整体科研表现

时间	排名	机构数/家	潜力值/%	论文数/篇	被引频次/次	修改后被引频次/次	阈值/次	篇均被引/次	CNCI	JNCI	国际合作论文/篇	相对于全球平均水平影响力
2018年2月	1092	6526	69.16	523	3388	2828	4899	6.48	0.71	0.91	82	0.647
2018年3月	1092	6526	67.18	523	3388	2828	5043	6.48	0.71	0.91	82	0.647
2018年4月	1092	6662	69.15	529	3487	2927	5043	6.59	0.71	0.9	83	0.497
2018年5月	1094	6766	70.75	541	3568	3008	5043	6.6	0.76	1	84	0.495
2018年6月	1055	6821	70.73	532	3508	2948	4960	6.59	0.77	0.94	84	0.4
2018年7月	1046	6969	74.11	549	3676	3116	4960	6.7	0.77	0.95	85	0.404
2018年8月	1042	7309	72.77	552	3809	3249	5234	6.9	0.8	0.99	85	0.416
2018年9月	1030	7455	75.95	564	3975	3415	5234	7.05	0.8	0.99	86	0.424
2018年10月	1030	7609	77.11	576	4106	3546	5325	7.13	0.81	1.01	87	0.427
2018年11月	1029	7831	79.36	585	4226	3666	5325	7.22	0.8	0.99	87	0.43
2018年12月	1021	7931	79.58	599	4364	3804	5484	7.29	0.82	0.98	89	0.43
2019年1月	1012	7945	75.55	604	4538		6007	7.51	0.86	1	90	0.45

潜力值是材料学科每月的被引频次与阈值比值的百分比，达到 100%基本上可以进入 ESI 前 1%，但这个数值会比实际的高一些。阈值是 ESI 中材料学科机构可以进入前 1%的最低被引频次；篇均被引指引文影响力，展现的是该组文献中某一篇文献获得的平均引用次数；CNCI 指的是学科规范化的引文影响力，展现的是文献的被引表现；JNCI 指的是期刊规范化的引文影响力，展现的是论文在所发表期刊上的影响力；国际合作论文指包含一位或多位国际共同作者的论文，相对于全球平均水平的影响力展示了某项研究的影响力与全球研究影响力的关系，反映了相对的科研绩效水平。

9.2.1.2 河南理工大学材料学科进入 ESI 前 1%的预测

根据图 9-12InCites 中的数据，大概在 2019 年年底，河南理工大学的材料学科有望进入 ESI 前 1%，但是由于收录数据及更新数据的不一致，InCites 中的数据是高于ESI中的数据的。因此在该次研究中，依据河南理

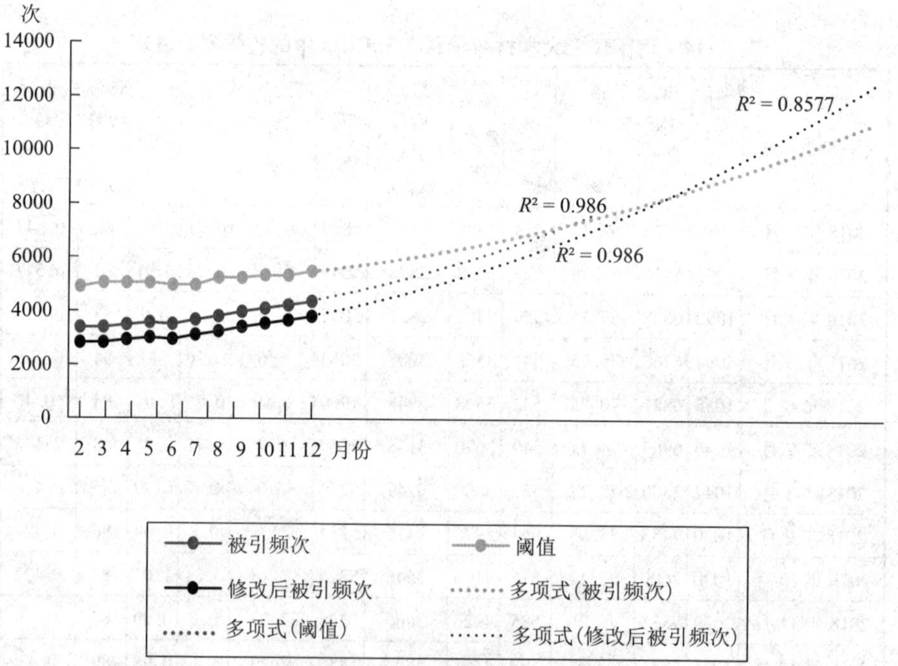

图 9-12　2018 年河南理工大学图书馆材料学科发展趋势预测

工大学工程学在 ESI 和 InCites 中的数据表现，对材料学科的被引频次进行了修改，修改后的被引频次预测在 2020 年进入 ESI 的前 1%，但这个预测方法也有缺陷，因为这是按照工程学的变化来预测的，学科不一致会导致预测的结果不太准确。如果按被引频次增长的平均数和阈值增长的平均数来估算，大概需要 3.2 年可以进入 ESI 前 1%。实际上，在 2020 年 3 月，河南理工大学材料学院的材料学科首次进入 ESI 前 1%。

9.2.2 河南理工大学材料学院对材料学科贡献的具体情况分析

9.2.2.1 材料学科文献的年代及被引频次分布

根据 2018 年 12 月 18 日 InCites 的数据，河南理工大学材料学科的 WebofScience 文献数量为 604 篇，即基本上是这 604 篇文献对材料学科进入 ESI 做出了贡献。文献数量和被引频次的年代分布如表 9-15 和图 9-13 所示：图表表示的是材料学科发表的文献在各个年度的分布以及在各个年度被引用的情况。从表 9-15 和图 9-13 中可知，文献数量与被引频次呈上升趋势，其中 2016—2018 年文献数量和被引频次上升幅度非常大。值得注意的是 2014—2015 年，文献数量猛增，但被引频次却并没有很大增长，这说明 2014—2015 年，文献质量并不是很好。但 2017—2018 年，文献被引频次有了较大增长，说明文献的质量有了比较大的提升。

表 9-15 2008—2018 年材料学科文献的年代及被引频次

指标	2018 年	2017 年	2016 年	2015 年	2014 年	2013 年	2012 年	2011 年	2010 年	2009 年	2008 年
文献数量/篇	95	99	76	83	44	32	43	41	29	34	28
被引频次/次	1725	1054	741	455	368	279	161	135	80	41	4

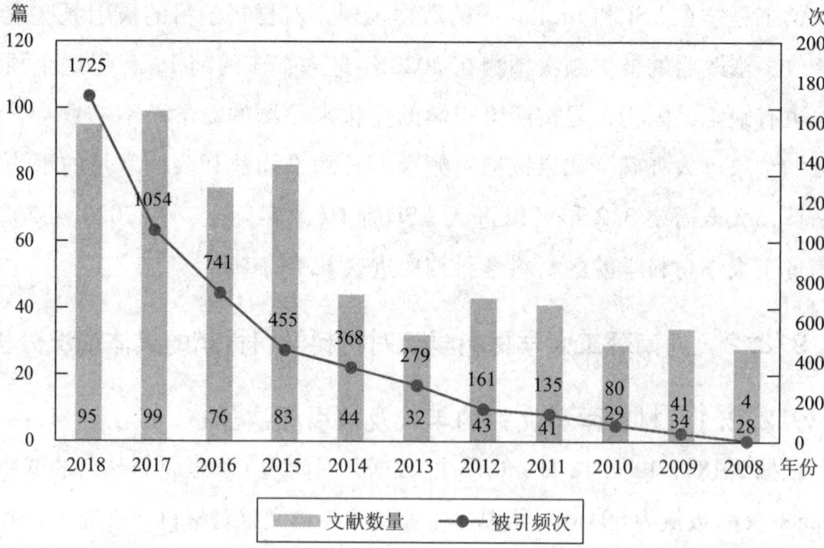

图 9-13　2008—2018 年材料学科文献的年代及被引频次分布

9.2.2.2　材料学院每篇文献具体的贡献情况

对上述 604 篇文献进行深入分析，发现大概有 305 篇为材料学院的师生发表。在调查中发现，大部分师生用的地址通常为：Henan Polytech Univ、Sch Mat Sci & Engn（WebofScience 默认的简写方式），有 241 篇；Henan Polytech Univ、Inst Mat Sci & Engn，有 50 篇；Henan Polytech Univ、Coll Mat Sci & Engn，有 4 篇；Henan Polytech Univ、Cultivating Base Key Lab Environm Friendly Inorga，有 10 篇。这些数据有一部分是重复的。另外，有些文献可能还会有其他的署名形式。建议可以使用统一的英文机构署名，可以在院系主页上确定自己的中文名和英文名。具体属于材料学院师生发表的论文及其每年贡献的被引频次数可以从 Web of Science 中提取，最终的被引频次会比 InCites 中的被引频次还高一些，为 5198 次，InCites 中是 4538 次。

通过对提取的数据进行分析，发现排在前面几个的文献是对被引频次做出较大贡献的文献。值得注意的是 2008 年发表的文献有可能在 2019 年被舍弃，因为 ESI 的数据是 10~11 年的滚动数据。因此，2008 年的数据如果不是被引频次的高峰，则对材料学科进入 ESI 前 1%没有大的影响，如果

2008 年的文献做出了贡献，则会有影响；反之，如果 2008 年的文献在总被引频次中占的比例较小，则数据更新后对进入 ESI 前 1%会有帮助。表 9-16 对材料学院发表的对材料学科被引频次做出贡献的文献进行了年度分析，具体情况如表 9-16 和图 9-14 所示。

表 9-16 2008—2018 年材料学院发表的做出贡献的文献数量和被引频次的年代分布情况

年度	数量/篇	被引频次/次
2008	23	356
2009	29	283
2010	15	185
2011	14	195
2012	20	190
2013	21	420
2014	19	182
2015	40	740
2016	30	440
2017	36	293
2018	18	54

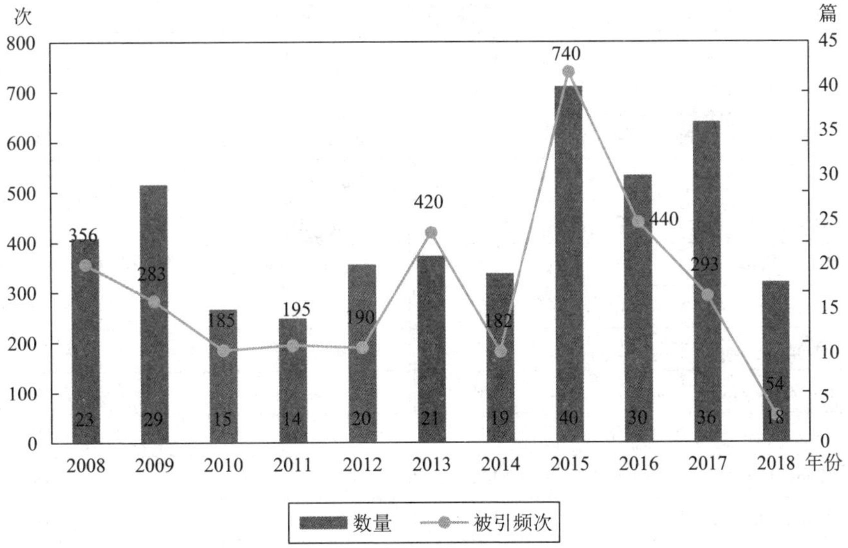

图 9-14 材料学院发表的做出贡献的文献数量和被引频次的分布

从表9-16和图9-14中可以看出，2008年的文献数量和被引频次所占的比重还是较大的，占10.67%。因此，2009—2018年的文献需要提高超过356次的被引频次，才能弥补2008年的文献数据带来的影响。

9.2.2.3 文献作者的分析

文献作者的分析是将做出贡献的文献导入InCites中进行分析，具体情况如表9-17和图9-15所示，统计的是被引频次大于等于15次的作者的情况。但值得注意的是，作者被引频次的计算是累加的，即一篇文章的被引频次每个作者都可以得到同样多的次数。但从表9-17中可以了解到学院哪些师生对材料学科的贡献比较大。

表9-17 文献作者发表的论文数和被引频次

名称	论文数/篇	被引频次/次	名称	论文数/篇	被引频次/次
Chen，Qiang	20	678	Xing，Bao-lin	1	22
Zhu，Lin	11	476	Zhou，A. G.	1	22
Liu，Baozhong	28	391	Ding，Kaiyong	1	21
Zhou，Aiguo	27	383	Zhang，Bo	7	21
Ji，Guoliang	13	289	Yang，Li	1	21
Wang，Libo	20	288	Chen，Lunjian	6	21
Bala，Hari	31	273	Shen，Changjie	3	21
Hu，Qianku	16	238	Li，Zhongyue	4	21
Sun，Guang	34	213	Xu，Zhouqing	8	20
Yang，Jia	10	195	Fan，Lidan	4	20
Huang，Lina	2	179	Zhou，Aiguo	3	19
Wang，Xiaodong	19	172	Fu，Hengzhi	4	19
Cao，Jianliang	40	167	Liu，Bingguo	7	19
Dong，Xiyan	5	167	Yang，Lei	2	19
Li，Zhengyang	7	166	Xue，Zhonghui	3	19
Zhang，Zhanying	29	148	Xu，Jun	8	19
Yan，Hongli	1	144	Liu，Y.	1	19
Yang，Haibin	7	142	Li，X. L.	1	19
Du，Baoli	16	140	Li，J. G.	1	19

续表

名称	论文数/篇	被引频次/次	名称	论文数/篇	被引频次/次
Wang，Yan	21	137	Zhou，Tao	7	19
Yang，Juan	9	135	Fan，Haotian	4	18
Miao，Juan	10	128	Mi Guofa	19	18
Jia，Xiaopeng	11	119	Wang，Binbin	1	18
Sun，Dandan	3	98	Zhang，Ronghua	2	18
Cao，Xinxin	5	90	Yu，Jiangong	5	17
Dai，Jun	5	90	Chen，Zehua	5	17
Wang，Qiufen	8	84	Shi，Jianchao	1	17
Li，Yanwei	9	83	Zhang，Xiaoming	1	17
Su，Taichao	22	81	Xue Tonglong	1	17
Zhang，Chuanxiang	20	79	Fan，Yanpin	1	17
Li，Qiang	8	73	Du，B. L.	1	17
Gao，Yupeng	3	72	Wang，Guodong	7	17
Zhang，Yude	2	70	Gong，Yuxiao	3	17
Xu，Yawei	3	70	Zhang，Jianwu	4	16
Li，Shangsheng	18	66	Zhang，Zhaocai	2	16
Li，Lei	4	64	Zhang，Guangsheng	1	16
Li，Jiantong	2	63	Li，Changchun	1	16
Zang，Chuanyi	4	62	Zou，Dinghua	6	16
Fu，Wuyou	12	61	Guo，Hui	4	16
Cao，Jianliang	4	59	Wang，Qisheng	2	16
Zhang，Zhan-Ying	4	59	Mi，Guofa	3	16
Xing，Baolin	14	58	Yu，Weiyang	2	16
Du，B.	4	58	Li，Haiyan	6	15
Yu Zhu	1	57	Li，Liang	2	15
Zhang，Saisai	7	57	Yang，Wenpeng	3	15
Fan，Yanping	8	57	Zhu，Jianping	4	15
Jia，X.	2	56			

数据获取时间：2018-12-31。

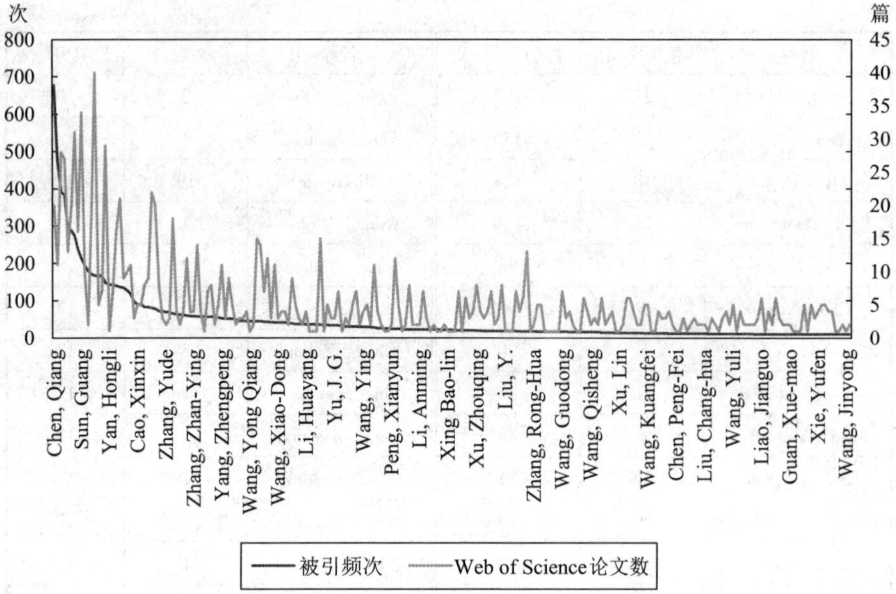

图 9-15　截至 2018 年年底作者论文数及被引频次分布

9.2.2.4　期刊分析

表 9-18 和图 9-16 是对材料学院师生发表的材料学科文献所在期刊的相关情况进行的分析，可以看到该学院师生的材料学科相关的文献一般在哪些期刊上发表以及被引频次的情况。

表 9-18　材料学院的师生发表的材料学科的文献所在期刊的相关情况

名称	论文数/篇	被引频次/次	名称	论文数/篇	被引频次/次
Journal of Alloys and Compounds	46	419	Cement & Concrete Composites	3	9
Materials Letters	45	397	International Journal of Refractory Metals & Hard Materials	5	9
Advanced Materials	5	289	Crystals	2	9
Applied Surface Science	17	269	Rare Metals	4	9
Journal of Materials Chemistry A	10	226	Philosophical Magazine	1	9
Materials Science and Engineering A-Structural Materials Properties Microstructure and Processing	10	224	Journal of Computational and Theoretical Nanoscience	6	8

续表

名称	论文数/篇	被引频次/次	名称	论文数/篇	被引频次/次
Acs Applied Materials & Interfaces	7	152	Plastics Rubber and Composites	1	8
Advanced Functional Materials	2	150	Materials Science and Technology	4	8
Journal of Materials Chemistry B	4	136	Vacuum	1	8
Journal of Power Sources	6	120	Polymer Composites	2	8
Materials Chemistry and Physics	9	115	Scripta Materialia	1	8
Chemistry of Materials	5	114	Science and Technology of Welding and Joining	1	7
Construction and Building Materials	27	102	Composites Part B-Engineering	2	7
Diamond and Related Materials	5	100	Functional Materials Letters	2	6
Transactions of Nonferrous Metals Society of China	24	97	Smart Materials and Structures	1	6
Ceramics International	20	95	Magazine of Concrete Research	1	6
Materials Research Bulletin	6	90	Journal of Adhesion	1	5
Materials Science and Engineering B-advanced Functional Solid-State MaterialS	2	82	Journal of Adhesion Science and Technology	1	5
Materials & Design	8	74	Surface & Coatings Technology	1	5
Computational Materials Science	4	64	Materials Research Innovations	4	4
Acta Materialia	1	57	Nanotechnology	3	4
Composite Structures	4	51	Journal of Thermoplastic Composite Materials	2	4
Journal of Materials Processing Technology	2	50	Materials Characterization	1	3
Soft Matter	2	44	Intermetallics	1	3
Microporous and Mesoporous Materials	2	42	Microsystem Technologies-Micro-and Nanosystems - Information Storage and Processing Systems	2	3
Biomaterials	1	40	Aci Materials Journal	1	3
Journal of Materials Chemistry C	8	39	Optoelectronics and Advanced Materials-Rapid Communications	2	3

续表

名称	论文数/篇	被引频次/次	名称	论文数/篇	被引频次/次
Rare Metal Materials and Engineering	28	35	Materials and Manufacturing Processes	1	2
Journal of Wuhan University of Technology Materials Science Edition	17	35	European Journal of Wood and Wood Products	1	2
Journal of The American Ceramic Society	1	33	Nano-Micro Letters	1	2
Scientific Reports	1	28	Wear	1	2
China Foundry	8	27	Polymers & Polymer Composites	1	1
Journal of Electronic Materials	6	26	High Temperatures - High Pressures	1	1
Journal of Iron and Steel Research International	6	26	Bulletin of Materials Science	2	1
Journal of Advanced Ceramics	3	25	Science and Engineering of Composite Materials	2	1
Small	1	24	Materials Science-Medziagotyra	3	1
Metallurgical and Materials Transactions A - Physical Metallurgy and Materials Science	1	22	International Journal of Applied Ceramic Technology	3	1
New Carbon Materials	1	22	International Journal of Materials Research	1	1
Journal of Nanoparticle Research	4	19	Journal of Materials Research	1	1
Electronic Materials Letters	1	19	Materials Science In Semiconductor Processing	1	1
Acta Biomaterialia	1	18	Journal of Intelligent Material Systems and Structures	1	1
Thin Solid Films	3	18	Macromolecular Materials and Engineering	2	1
Journal of Central South University of Technology	4	18	Journal of Optoelectronics and Advanced Materials	6	1
Journal of Materials Science	5	17	Journal of Advanced Concrete Technology	1	0
Journal of Materials Science - Materials In Electronics	9	17	Particuology	1	0
Journal of Inorganic Materials	8	17	Journal of Vacuum Science & Technology B	1	0

续表

名称	论文数/篇	被引频次/次	名称	论文数/篇	被引频次/次
International Journal of Minerals Metallurgy and Materials	2	17	Composites Science and Technology	1	0
Journal of Materials Engineering and Performance	4	16	Hydrometallurgy	1	0
Journal of Central South University	7	16	High Temperature Materials and Processes	2	0
Nanomaterials	10	15	Russian Journal of Nonferrous Metals	1	0
Journal of The European Ceramic Society	2	14	Journal of Composite Materials	1	0
Journal of Nanomaterials	12	13	Metallurgical and Materials Transactions Bprocess Metallurgy and Materials Processing Science	1	0
Journal of Nanoscienceand Nanotechnology	9	13	Reviews On Advanced Materials Science	1	0
Mechanics of Advanced Materials and Structures	1	13	Journal of Applied Biomaterials & Functional Materials	1	0
Chinese Science Bulletin	3	13	Journal of Materials Science & Technology	2	0
Materials and Structures	2	12	Optical Materials	1	0
Current Nanoscience	7	12	Materials Express	1	0
Science of Advanced Materials	1	12	Corrosion Science	1	0
Materials Science & Engineering C-Materials For Biological Applications	2	11	Advanced Engineering Materials	1	0
Welding In The World	1	11	Bioresources	1	0
Materials	9	10	Journal of Biomaterials Science Polymer Edition	2	0
Journal of Porous Materials	4	10	Materials Research Express	2	0
Advances In Materials Science and Engineering	9	10	Biomaterials Science	1	0
Ndt & E International	1	10	Polymer Testing	1	0
Materials Technology	3	10	Advanced Science Letters	2	0
Materials Science-Poland	5	10	Zkg International	1	0
Journal of University of Science and Technology Beijing	2	10	Strength of Materials	1	0

续表

名称	论文数/篇	被引频次/次	名称	论文数/篇	被引频次/次
Aip Advances	4	9	Revista Romana De Materiale Romanian Journal of Materials	1	0

数据获取时间:2018 年年底。

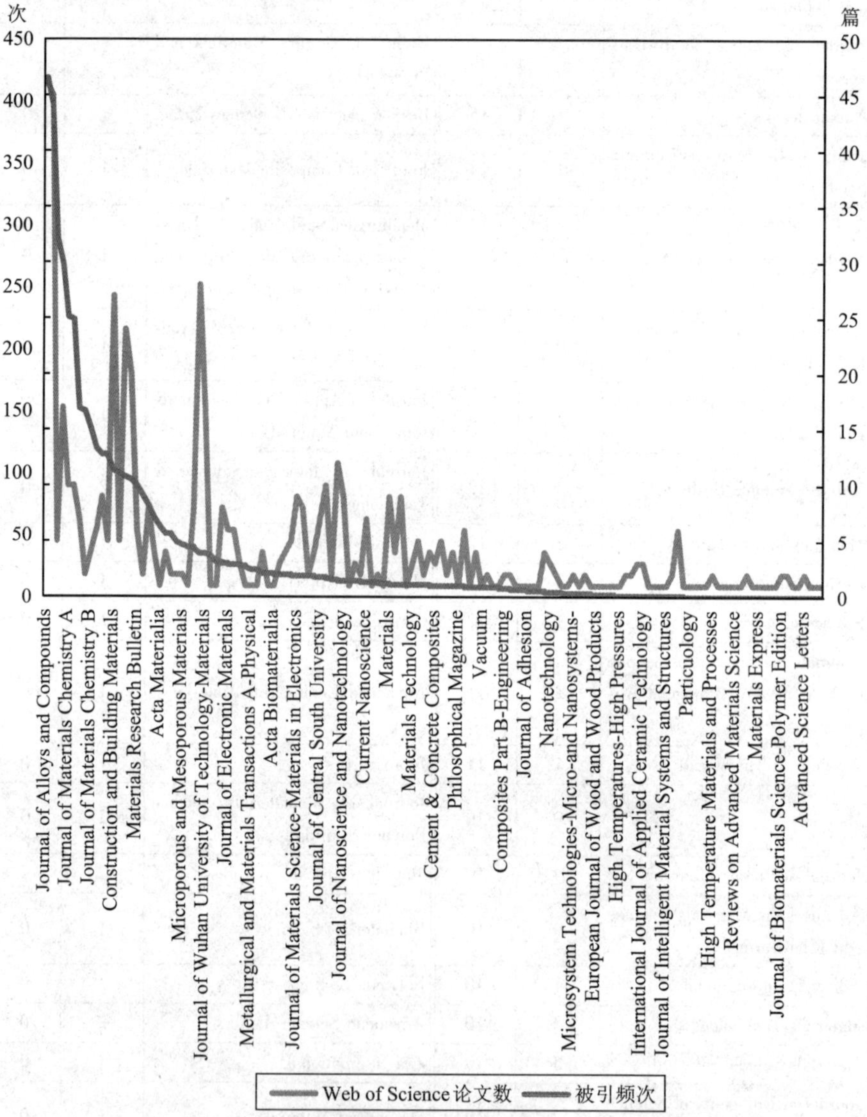

图 9-16　截至 2018 年底材料学院师生发表的材料学科文献所在期刊的情况

9.2.3 结论与建议

（1）综合考虑目前河南理工大学的材料学科是最有机会进入 ESI 前 1%的，其在 InCites 中的科研表现整体上也是呈稳步上升的趋势，对该校材料学科的发展进行多项式预测，发现其在 2020 年有望进入 ESI 的前 1%。如果利用被引频次和阈值的增长平均数来计算，从 2019 年年初开始，大概需要 3.2 年可以进入 ESI 前 1%。实际河南理工大学的化学学科在 2020 年 7 月首次进入 ESI 前 1%。

（2）对材料学科做出贡献的材料学院师生发表的文献的各年度的被引情况以及每篇文献的总被引情况，可以作为政策制定的依据。总被引频次增加最多的是 2018 年，新增了 1108 次。

（3）2019 年可能会去掉 2008 年的数据，2008 年数据所占的比重较高，如果把 2008 年数据去掉，一方面可以考虑 2008 年发表的文献每年增加的被引频次不予奖励，另一方面需要考虑 2008 年的数据去掉后对河南理工大学进入 ESI 前 1%的进程的影响。因为如果数据范围变化了，可能阈值或者进入前 1%的机构和学科都会有所变化，可以咨询图书馆材料学科的具体变化。

（4）通过对材料学科做出贡献的材料学院的作者进行分析，可以看出谁的贡献最突出，但是参考意义不大，因为被引频次是重复计算的，很可能多个作者的被引频次来自同一篇文献。

（5）对期刊的分析，反映了材料学院的作者发表的关于材料学科的文献一般在哪些期刊上发表的最多，被引频次也比较高，可作为发表期刊的参考。另外，ESI 有全部的学科的期刊列表，如需要可以到网址下载（网址：http：//ipscience - help. thomsonreuters. com/incitesLiveESI/ESIGroup/overviewESI/esiJournalsList. html）。该期刊列表可以作为本学科发表期刊的参考，因为只有发表到材料学科期刊上的文献的被引频次才会被计算到材料学科中。

（6）目前 ESI 的被引频次的统计是包含自引的，所以可以鼓励自引，但是值得注意的是不合理的自引可能会对文章所在的期刊造成不好的影响。

（7）不同机构之间的合作可以同时增加两个机构的被引频次，因为同一篇文献的被引频次是同时分配给文献所署名的所有机构的。但是同一机构同一学科相互合作是不能提高该学科的被引频次的。可以鼓励与同一机构相近专业的学者合作，如对材料学科做出贡献的化学化工学院。化学化工学院的一些老师发表的期刊如果在 ESI 中被定为材料学科，这个被引频次会被计算到材料学科的。另外，鼓励材料学院的老师尽量向 ESI 期刊列表中属于材料学科的期刊上发表文献。

（8）规范英文机构的署名。在数据分析的过程中，发现学院的英文机构署名不一致，“学院”的英文名称出现了 School、Institute、College 等，出现的原因有可能是材料学院的主页上只有中文名字而没有统一的英文名字。

（9）ESI 对作者的被引频次的计算是累加的，因此很多文献的被引频次是同时计算到很多作者身上的，所以如果将被引频次纳入奖励，应当考虑一篇文献的被引频次不能重复奖励。例如，一个学院的 5 名老师共同撰写了一篇论文，该论文的被引频次是 100 次，则这 5 名老师都有 100 次的被引频次。笔者建议可以按照文章每年增加的被引频次进行奖励，本院合作作者之间可以协商奖励的分配。

（10）如果要实行被引频次的奖励，可按照为材料学院材料学科做出贡献的文献每年增加的次数进行奖励，但如何证明增加的次数以及是否属于 ESI 所划分的材料学科可到图书馆做他引证明和学科查询，但会产生费用，也可委托本校图书馆进行查询。但值得注意的是，证明的某一年的被引次数不一定全部计算到了 ESI 的被引频次里面，因为更新的时间段不一样，但是将来随着时间的推移肯定是能够计算进去的。另外，需要考虑 ESI 是个动态的数据库，每一年的时间范围会有所变化，如果文献不被包含到这个范围内，就可以考虑不奖励，因为对 ESI 的被引频次没有贡献了。

附　录

附录 A　LibGuides 平台中图情学科数据库推荐列表详情

数据库	频次
ERIC	23
Library, Information Science and Technology Abstracts (LISTA)	17
ACM (Association for Computing Machinery) Digital Library	11
Library Literature and Information Science	10
WorldCat	9
Web of Science	8
Library and Information Sciences Abstracts (LISA)	12
Library and Information Science Source	7
Scopus	6
Google Scholar	6
Emerald Insight	6
Academic Search Complete	6
Ulrichsweb	5
IEEEXplore	5
Book Review Digest Plus	5
Springer Link	4
Professional Development Collection	4
NoveList	4
Library Literature and Information Science Full Text and Retrospective (H. W. Wilson)	4
JSTOR	4
INSPEC	4
EBSCOhost	4

续表

数据库	频次
Sears List of Subject Headings	3
ScienceDirect	3
PubMed	3
PsycINFO	3
ProQuest	3
Project MUSE	3
Literary Market Place	3
Informed Librarian Online	3
Information Science and Technology Abstracts	3
Education Full Text	3
CiteSeerX	3
Children's Literature comprehensive database	3
ACRL Metrics（Association of College and Resource Libraries）	3
Taylor and Francis Online	2
SocINDEX	2
Serials Directory	2
SAGE Research Methods Online	2
Readers' Guide Retrospective	2
Publishers Weekly Archive	2
Publisher's Bindings Online，1815-1930：The Art of Books	2
OpenEdition	2
Linguistics and Language Behavior Abstracts（LLBA）	2
Library Science Database	2
Library Literature and Information Full Text	2
LexisNexis Academic	2
Journal Citation Reports	2
Health and Psychosocial Instruments	2
Education Source	2
Ebook Central	2
Dissertations and Theses	2

续表

数据库	频次
CRL (Center for Research Libraries) Online Cataolg	2
Computer and Information Systems Abstracts	2
Communication and Mass Media Complete	2
Choice Reviews	2
Cabell's Directories: Education Set	2
ARBA Online	2
Alternative Press Index	2
Academic Search Premier	2
ABI/INFORM Collection	2
Worldwide Political Science Abstracts	1
Women's Studies International	1
Wiley Online Library	1
Western European Studies Section (WESS)	1
Ulrichs Periodical Directory	1
TREC Proceedings	1
Torrossa: Casalini Full Text Platform	1
TechXTRA	1
Teaching Books	1
Synthesis Digital Library of Engineering and Computer Science	1
SPIE Digital Library	1
Sociological Abstracts (ProQuest)	1
Social Sciences Full Text (EBSCO)	1
Social Sciences Citation Index	1
Social Science Premium Collection	1
Senior High Core Collection (H. W. Wilson)	1
Semantic Scholar	1
School Library Connection and ReVIEWS+	1
Sage Research Methods Videos	1
Russian Library and Information Sciences	1
Reference Sources	1

续表

数据库	频次
Readers' Guide Abstracts	1
Reader's Advisor	1
Rarebooks	1
ProQuest Telecommunications Database	1
ProQuest Statistical Insight (Statistical Universe)	1
Proquest Research Library	1
ProQuest Computer Science Database	1
ProQuest Career and Technology Education Database	1
Proceedings	1
Primary Search	1
PLAmetrics	1
PapersFirst	1
PAIS Index	1
OneSearch Manoa	1
OmniFile Full Text Mega Edition (H. W. Wilson)	1
OAIster	1
NLM Technical Bulletin	1
MLA Directory of Periodicals	1
MITCogNet	1
MEDLINEPubMed (NLM)	1
MasterFile	1
MAS Ultra School Edition	1
LIS Scholarship Archive Preprints	1
Library of Congress Classification Outline	1
Library and Information Science Collection (ProQuest)	1
LGBT Life with Full Text	1
Lecture Notes in Computer Science	1
InfoTrac One File	1
Information Science and Library Issues Collection	1
Information Science (Gale One File)	1

续表

数据库	频次
IGI Global	1
IEEE/IET Electronic Library	1
IBSS International Bibliography of the Social Sciences (ProQuest)	1
History of Science, Technology and Medicine	1
Historical Abstracts	1
Hein Online	1
GPO Access	1
Global Books in Print (Bowker)	1
Georgia Public Library Service	1
Gender Watch	1
Gale Virtual Reference Library	1
Gale Information Science and Library Issues Collection	1
Gale Directory Library	1
Faulkner Advisory for Information Technology Studies	1
Expanded Academic ASAP	1
Ethnic News Watch	1
Emerald Library	1
Emerald Journals	1
E-LIS (E-prints in Library and Information Science)	1
Electronic Collections Online	1
Educational Media Reviews Online	1
Education Resource Complete	1
Ed/ITLibrary	1
EBSCO Professional Development Collection	1
Directory of Open Access Journals	1
Digital Public Library of America	1
De Gruyter Online	1
DBLP Computer Science Bibliography	1
Current Cites	1
Credo Reference	1

续表

数据库	频次
CRCnetBASE	1
CQ Researcher	1
COS Papers Invited	1
Contemporary Authors	1
Computers and Applied Sciences Complete（EBSCO）	1
Communications in Information Literacy（CIL）	1
Communication Source	1
Combined Search（was Search Anything）	1
Classification Web	1
City Readers（Digital Historic Collections at the New York Society Library）	1
CINAHL Plus with Full Text	1
Chronicle of Higher Education Online	1
Charleston Advisor	1
Center for Research Libraries（CRL）Online Catalog	1
CCAdvisor	1
Cambridge Journals Online	1
Cabell's Directory of Publishing Opportunities	1
Business Source Ultimate	1
Business Source Complete	1
BrowZine	1
Britannica Online Public Library Edition	1
Bowker Books In Print	1
Books in Print（Global）	1
Booklist online	1
Book Review Index Plus	1
Book History Online	1
Biography In Context	1
ASISandT Digtal Library	1
ArticleFirst	1
Article Search（Advanced）	1

续表

数据库	频次
ARL SPEC Kits	1
ARL Publications	1
Anthropology Plus	1
Ancestry Library Edition	1
American Reference Books Annual	1
American Library Directory	1
Alabama Virtual Library（AVL）	1
ALATechsource	1
ALA Guide to Reference	1
Academic Search Elite	1
Academic Search	1
ABI/Inform	1
MLA International Bibliography	1
IngentaConnect	1

附录 B　LibGuides 平台中图情学科专业机构推荐列表详情

专业机构	频次
ALA-American Library Association	10
SLA-Special Libraries Association	10
MLA-Medical Library Association	9
IFLA-International Federation of Library Associations and Institutions	9
AASL - American Association of School Librarians	8
PLA-Public Library Association	7
AALL-American Association of Law Libraries	7
MLA-Music Library Association	5
RUSA-Reference and User Services Association	5
YALSA-Young Adult Library Services Association	5
ACRL-Association of College and Research Libraries	4
ALCTS-Association for Library Collections & Technical Services	4
ALISE-Association for Library and Information Science Education	4

续表

专业机构	频次
ALSC-Association for Library Service to Children	4
LITA-Library and Information Technology Association	4
REFORMA-The National Association to Promote Library and Information Services to Latinos and the Spanish Speaking	4
CLA-Canadian Library Association	3
CLIR-Council on Library and Information Resources	3
NAGARA-National Association of Government Archives and Records Administrators	3
SAA-Society of American Archivists	3
ALTAFF-The Association of Library Trustees，Advocates，Friends，& Foundations	2
AILA ：American Indian Library Association	2
ASIS&T-American Society for Information Science and Technology	2
APALA：Asian Pacific American Librarians Association	2
ARL-Association of Research Libraries	2
ARLIS/NA（Art Libraries Society of North America）	2
ARMA（Association for Records Managers and Administrators）	2
Association of Independent Information Professionals（AIIP）	2
Black Caucus of the American Library Association	2
CALA：Chinese American Librarians Association	2
NASIG-North American Serials Interest Group	2
NISO-National Information Standards Organization	2
Art Libraries Society of North America	1
MU ASIS&T-American Society for Information Science & Technology	1
Academy of Certified Archivists	1
ACM-Association for Computing Machinery	1
ACRL Residency Interest Group	1
AHA ：Association of Hawai'i Archivists	1
AILA ：American Indian Library Association	1
ALA Divisions	1
ALA Member Groups and Communities	1
Alabama Library Association	1

续表

专业机构	频次
American Medical Informatics Association (AMIA)	1
American Printing History Association (APHA)	1
American Society of Archivists	1
American Theological Library Association (ATLA)	1
Archives & Records Association	1
Archivists of Religious Institutions	1
ARMA International	1
Art Libraries Society of North America (ARLIS-NA)	1
Association for Specialized and Cooperative Library Agencies (ASCLA)	1
Association of Academic Health Sciences Libraries (AAHSK)	1
Association of Canadian Archivists	1
Association of Moving Image Archivists	1
Association of Rural and Small Libraries (ARSL)	1
ATALM : Association of Tribal Archives, Libraries, & Musuems	1
Bibliographical Center for Research	1
CAL (Colorado Association of Libraries)	1
CARL: California Academic & Research Libraries	1
Center for Research Libraries	1
Chartered Institute of Library and Information Professionals (UK)	1
CILIP-Chartered Institute of Library and Information Professionals	1
Classification Society of North America	1
CLiC (Colorado Library Consortium)	1
CNI-Coalition for Networked Information	1
College Book Art Association	1
Colorado State Library	1
Council of State Archivists	1
CSLA- California School Library Association	1
Florida Library Association	1
HASL : Hawai'i Association of School Librarians	1
HLA : Hawai'i Library Association	1

续表

专业机构	频次
Institute of Museum and Library Services	1
International Association of Music Libraries (IAML-US)	1
International Council on Archives	1
International Federation of Film Archives	1
Iowa Library Association	1
Irish Society for Archives	1
iSchools	1
LLAMA：Library Leadership and Management Association	1
LIANZA：Library and Information Association of New Zealand Aotearoa	1
LISGSA-Library & Information Science Graduate Student Association	1
LLAMA：Library Leadership & Management Association	1
Midwest Archives Conference	1
Missouri Association of College and Research Libraries (MACRL)	1
Missouri Association of School Librarians (MASL)	1
Missouri Library Association (MLA)	1
MLGSCA：Medical Library Group of Southern California & Arizona	1
MU GPC-Graduate Professional Council	1
MU GSA-Graduate Student Association	1
Museums Association	1
Northwest Archivists	1
OCLC Research Library Partnership	1
Online Audiovisual Catalogers	1
PIALA：Pacific Islands Association of Libraries，Archives，and Museums	1
PLG-Progressive Librarians Guild	1
REFORMA Colorado	1
SAAMUSC-Society of American Archives，MU Student Chapter	1
Society for Scholarly Publishing (SSP)	1
Society of Southwest Archivists	1
Texas Archive of the Moving Image	1
Texas State Library and Archives Commission	1

续表

专业机构	频次
Theatre Library Association（TLA）	1
TLA-Texas Library Association	1
United for Libraries	1
WLA-Washington LIbrary Association	1

附录 C　LibGuides 平台中图情学科职业资源推荐列表详情

职业资源	频次
INALJ（I Need a Library Job）	6
ALAJobLIST	5
Open Cover Letters	5
LibGig Jobs	4
Rethinking Information Work by G. KimDority	4
LIBJOBS	3
What Do Employers Want? A Guide for Library Science Students by Priscilla K. Shontz	3
ALA-APA's Salary Resources	2
Hiring Librarians	2
Idealist	2
Indeed	2
Jump-Start Your Career As a Digital Librarian by Jane D. Monson	2
LibraryJobline	2
Library Management 101 by Diane L. Velasquez	2
LIS Career	2
LIS Career Sourcebook by G. KimDority	2
LIS Jobs	2
Managing the One-Person Library by Larry Cooperman	2
Out Behind the Desk by Tracy Nectoux（Editor）	2
SLA Career Center	2
Staff Development by andrea Stewart、Carlette Washington-Hoagland、Carol Zsulya	2
USAJOBS：Librarian	2
COLLIB-L	1

续表

职业资源	频次
Hack Library School-https：//hacklibraryschool. com/	1
ILI-L	1
Information Science-Vocational Guidance	1
Library Science-Vocational Guidance	1
NMRT-L	1
Occupational Outlook Handbook，2014-15 Edition，Librarians	1
PUBLIB-L	1
So You Want to Be a Librarian-https：//librarianbyday. net/2010/09/01/so-you-want-to-be-a-librarian-a-guide-for-those-considering-an-mls-current-students-and-job-seekers/	1
100+ Job Resources for Librarians	1
2015 DPE AFL-CIO Library Workers Facts and Figures	1
A Day in the Life by Priscilla K. Shontz（Editor）、Richard A. Murray（Editor）	1
A Librarian's Guide to an Uncertain Job Market	1
A Practical Writing Guide for Academic Librarians by Anne Langley、Jon Wallace（Editor）	1
A Simple Book Repair Manual	1
AALL Career Center	1
Academic Interview Process	1
Academic Interview Tips	1
ACRL Residency Interest Group	1
ALA Awards，Grants and Scholarships	1
ALA Student Wiki	1
ALA Website	1
ARL Research Library Residency and Internship Programs Database	1
Be a Great Boss by CatherineHakala-Ausperk	1
Being Indispensable by RuthToor、Hilda K. Weisburg	1
Blog entries tagged as "resume" -from the Library Career People blog	1
BLS Occupational Outlook Handbook	1
Building Your Library Career with Web 2. 0 by Julia Gross	1
Career Development	1
CAREEREALISM	1

续表

职业资源	频次
Chronicle Vitae	1
Common Library / Info Science Action Verbs-found on the Massachusetts Library System website	1
Commonly Asked Interview Questions	1
Communicating Professionally by CatherineSheldrick Ross、Kirsti Nilsen	1
Copyright, Intellectual Property Rights, and Licensing Issues	1
Cover Letters: Types and Samples-Virginia Tech University Career Services	1
Digital Projects Guide	1
Editorial: What Not to Do When Applying for Library Jobs (In the Library With aLeadpipe) - http://inthelibrarywiththeleadpipe.org/2009/what-not-to-do-when-applying-for-library-jobs/	1
Education and Careers	1
Essential Documents for School Libraries by Colleen MacDonell	1
Expectations of Librarians in the 21st Century by Karl Bridges	1
Fundamentals for the Academic Liaison by Richard J. Moniz、Jo Henry、JoeEshleman	1
Get the Interview Every Time by Brenda Greene	1
Glassdoor	1
Guide to Reference by Jo BellWhitlatch、Susan E. Searing	1
HigherEdJobs. com	1
How to Stay Afloat in the Academic Library Job Pool	1
How to Thrive as a Solo Librarian by CarolSmallwood (Editor)、Melissa J. Clapp (Editor)	1
Information science — Vocational guidance — United States	1
Interpersonal Skills, Theory, and Practice by Brooke E. Sheldon	1
Introduction to the Library and Information Professions by Roger C. Greer; Robert J. Grover; Susan G. Fowler	1
JobLIST	1
Law Librarianship in the Twenty-First Century by RoyBalleste; Sonia Luna-Lamas; Lisa Smith-Butler	1
Leadership in Libraries by Maha (Lakshmi) Kumaran	1
Leading and Managing Archives and Records Programs by Bruce W. Dearstyne	1
Leading the 21st-Century Academic Library by Bradford Lee Eden	1

续表

职业资源	频次
Letters to a Young Librarian-https：//letterstoayounglibrarian. blogspot. com/	1
LibGigs Blogs	1
Librarian Hire Fashion	1
Librarians — Employment — United States	1
Librarians：Pay	1
Libraries in the Information Age by Denise K. Fourie、David R. Dowell	1
LibrariesSubReddit-https：//www. reddit. com/r/Libraries/	1
Library Career People-https：//librarycareerpeople. com/	1
Library Job Postings on the Internet	1
Library Research Service	1
Library Salaries Information	1
Library Science List	1
Library Success：A Best Practices Wiki	1
Library Science — Vocational guidance — United States	1
LIBREF-L	1
Listservs	1
LISWiki-HOWTO：Apply for a library job -https：//liswiki. org/wiki/HOWTO：Apply_for_a_library_job	1
Making the Most of Your Library Career by LoisStickell、Bridgette Sanders	1
Making the Cover Letter Work for You-Tiffany Eatman Allen & Richard A. Murray，LIScareer. com	1
Managers into Leaders by G. Edward Evans	1
Managing in the Middle by Robert Farrell；Kenneth Schlesinger	1
Mashable	1
Middle Management in Academic and Public Libraries by Tom Diamond	1
MLAJobline	1
Monster. com has cover letter tips and resume writing tips	1
O * NET OnLine Summary Report for Librarians	1
Phone Interview Strategies	1
Power Verbs for Your Resume-University of Northern Iowa	1

续表

职业资源	频次
Pre-and Post-Retirement Tips for Librarians by CarolSmallwood	1
Preparing for a Library Job Interview	1
Preparing for Tough Interview Questions	1
Questions to Ask Your Interviewers	1
Resume Magic, Fourth Edition by Susan Britton Whitcomb	1
Resume Writing and Interviewing Techniques That Work by Robert R. Newlen	1
Resumes, Cover Letters, CVs, and Thank You Letters…Oh My! -ALA NMRT Resume Review Service	1
Risk and Entrepreneurship in Libraries by PamelaBluh; Cindy Hepfer	1
SAA Website	1
School Media Specialist Interview Questions	1
Search & Screen, or Search & SCREAM? Cover Letters and Resumes-blog Post from Joe-Hardenbrook (aka Mr. Library Dude)	1
Shaping the Future by PeterHernon (Editor)	1
SJSU SLIS Career Blog	1
So You Have an Interview	1
Straight From the Stacks: A Firsthand Guide to Careers in Library and Information Science	1
Straight from the Stacks by Laura Townsend Kane	1
Straight from the Virtual Stacks by Laura Townsend Kane	1
Taking Charge of Your Career by Joanna Ptolomey	1
Taking Your Library Career to the Next Level by HollyHibner、Mary Kelly	1
The Accidental Data Scientist by Amy L. Affelt	1
The Information and Knowledge Professional's Career Handbook byUlla de Stricker; Jill Hurst-Wahl	1
The Information Professional's Guide to Career Development OnlinebySarah L. Nesbeitt; Rachel Singer Gordon	1
The Librarian's Career Guidebook	1
The Librarian'sSkillbook by Deborah Hunt; David Grossman	1
The New Graduate Experience by Megan Zoe Perez (Editor); Cindy A. Gruwell (Editor)	1
The New Infomation Professional: Your Guide to Careers in the Digital Age	1

续表

职业资源	频次
The New Information Professional by Judy Lawson；Joanna Kroll；KellyKowatch	1
The New Professional's Toolkit by Bethan Ruddock	1
The Next Library Leadership by PeterHernon；Ronald R. Powell；Arthur P. Young	1
The One Minute Manager by Ken Blanchard；Spencer Johnson	1
The Overnight Résumé by Donald Asher	1
The Visible Librarian by Judith A. Siess	1
The Torment of Terrible Cover Letters-blog Post from Library Administrator Jenica Rogers.	1
Time and Project Management Strategies for Librarians by CarolSmallwood（Editor）；Jason Kuhl（Editor）；Lisa Fraser（Editor）	1
Transitioning from Librarian to Middle Manager byPixey Anne Mosley	1
UA SIRLS Job & Placement Resources	1
UCLA Department of Information Studies Job Listings & Resources	1
Understanding MARC	1
What Color Is Your Parachute? 2013 by Richard N. Bolles	1
What They Don't Teach You in Library School by Elisabeth Doucett	1
What's the Alternative? by Rachel Singer Gordon	1
Working with You Is Killing Me by Katherine Crowley；Kathi Elster	1
Workplace Learning and Leadership by Lori Reed	1
Writing for the Web-A Primer for Librarians	1
Writing Your Curriculum Vitae-About. com：Graduate School	1

附录 D　LibGuides 平台中图情学科期刊推荐列表详情

期刊	频次
Journal of Academic Librarianship	5
Library & Information Science Research	4
Library Trends	4
Cataloging & Classification Quarterly	3
Collection Management	3
College & Research Libraries	3

续表

期刊	频次
Journal of the American Society for Information Science and Technology	3
Library Collections Acquisitions and Technical Services	3
Library Quarterly	3
Public Libraries	3
Reference Services Review	3
School Library Media Research	3
School Library Monthly	3
American Libraries	2
Collection Building	2
College & Research Libraries News	2
College & Undergraduate Libraries	2
Evidence Based Library and Information Practice（OA）	2
First Monday（OA）	2
Information Processing & Management	2
Information Research	2
International Journal on Digital Libraries	2
Internet Reference Services Quarterly	2
Journal of the Society of Archivists	2
Library Hi Tech	2
Library Journal	2
Library Leadership & Management	2
Library Management	2
Medical Reference Services Quarterly	2
Music Reference Services Quarterly	2
New Review of Children's Literature and Librarianship	2
Portal：Libraries and the Academy	2
Public Library Quarterly	2
Reference and User Services Quarterly	2
Reference Librarian	2
Reference Reviews	2

续表

期刊	频次
School Library Journal	2
The Electronic Library	2
American Archivist	1
Archival Issues：Journal of the Midwest Archives Conference	1
Archival Science	1
Ariadne（OA）	1
Behavioral & Social Sciences Librarian	1
Bulletin for the American Society for Information Science	1
Children and Libraries	1
Choice Reviews Online	1
Chronicle of Higher Education	1
College and Research Libraries	1
Colorado Association of Libraries Newsletter	1
Colorado Libraries	1
Contemporary Issues in Education Research	1
Data Science Journal	1
D-Lib Magazine（OA）	1
Electronic Library	1
Government Information Quarterly	1
IFLA Journal	1
In the Library with a Lead Pipe	1
Information Retrieval	1
Information Systems Journal	1
Information Systems Management	1
Information Technology & Libraries	1
International Information and Library Review	1
International Journal of Data Curation	1
JASIST：Journal of the American Society for Information Science and Technology	1
Jersey Clicks	1
Journal of Computer-Mediated Communication（JCMC）	1

续表

期刊	频次
Journal of Documentation	1
Journal of Education for Library and Information Science	1
Journal of Information Literacy (OA)	1
Journal of Information Science	1
Journal of Information Technology Education	1
Journal of Information Technology Management	1
Journal of Information Technology Teaching Cases	1
Journal of Librarianship and Information Science	1
Journal of Library Metadata	1
Journal of Management Information Systems	1
Journal of Research on Libraries and Young Adults	1
Journal of Strategic Information Systems	1
Journal of the American Medical Informatics Association	1
Knowledge Quest: Journal of the American Association of School Librarians	1
Legal Reference Services Quarterly	1
Library and Information Research	1
Library Hi Tech News	1
Library Media Connection	1
Library Review (Glasgow)	1
LIBRI Linguistic and Literary Broad Research and Innovation	1
MIS Quarterly	1
Museum International	1
Museum Management and Curatorship	1
Plos One	1
Program: Electronic Library and Information Systems	1
Progressive Librarian	1
SCAN	1
School Libraries in Canada	1
School Libraries Worldwide	1
School Library Media Quarterly	1

续表

期刊	频次
Synergy	1
Teacher Librarian	1
The Library Quarterly	1
The New Review of Children's Literature and Librarianship	1
The Reference Librarian	1
Webology	1
Young Adult Library Services	1

附录 E　LibGuides 平台中图情学科参考资源推荐列表详情

参考资源	频次
Encyclopedia of Library and Infomation Science	5
International Encyclopedia of Information and Library Science	4
American Library Directory	3
Encyclopedia of Information Science and Technology	3
Children's Literature Comprehensive Database	2
Concise Dictionary of Library and Information Science	2
Dictionary of Information Science and Technology	2
Harrod's Librarians' Glossary and Reference Book-Print Resource	2
International Dictionary of Library Histories	2
ODLIS	2
Online Dictionary for Library and Information Science	2
Ulrichsweb	2
World Guide to Libraries by Peter Schmidt	2
ALA（American Library Association）Handbook of Organization and Membership Directory	1
Annual Review of Information Science and Technology	1
ARBAonline American Reference Books Annual	1
Atlas of New Librarianship by R. DavidLankes	1
Biography Reference Bank（H. W. Wilson）	1
Blackwell Encyclopedia of Writing Systems	1
Book Review Digest	1

续表

参考资源	频次
Bowker Annual Library and Book Trade Almanac	1
Bowker Books In Print	1
Censorship : A World Encyclopedia	1
Charleston Advisor	1
Children's International Digital Library	1
Children's Literature Association Quarterly	1
Children's Literature in Education	1
Choice Magazine	1
Classification Web	1
Credo Reference	1
Dictionary for Library and Information Science by Joan M. Reitz	1
Dictionary of Information and Library Management	1
Dictionary of Publishing and Printing	1
Directory of Colorado Libraries	1
Directory of Special Libraries and Information Centers. 2011 Edition	1
Educational Media Reviews Online	1
Encyclopedia of Communication and Information-Print Resource	1
Encyclopedia of Cryptology	1
Encyclopedia of Human-Computer Interaction	1
Encyclopedia of Knowledge Management-Electronic Resource	1
encyclopedia. com	1
Encyclopedias in Computing and Information Science	1
Florida Cat	1
Gale Virtual Reference Library	1
Global Library and Information Science A Textbook for Students and Educators	1
Guide to Reference Books (11th Edition)	1
IGI Global (formerly Idea Group Publications) -Electronic Resource	1
IndexTranslationum-World Bibliography of Translation	1
Library and Book Trade Almanac	1
Library and Book Trade Annual	1

续表

参考资源	频次
Library Catalog	1
Library Lingo：A Glossary of Library Terminology	1
Library Literature & Information Science	1
Library of Congress Catalog	1
Library Speak	1
MARC Standards	1
MLA Directory of Periodicals	1
New York Times Book Review	1
OCLC Bibliographic Standards	1
Oxford Handbook of Papyrology	1
Oxford Reference Online Premium	1
Publisher's Weekly	1
Publishers，Distributors，& Wholesalers of the United States. 2010 Edition	1
Reference Sources for Small and Medium-sized Libraries（2008）	1
Sage Research Methods	1
Scholarly Electronic Publishing Bibliography	1
Serials Directory	1
Teaching Books	1
Tech Terms Computer Dictionary-Electronic Resource	1
Techweb's Technology Encyclopedia-Electronic Resource	1
The Booklist	1
The Horn Book Guide to Children's and Young Adult Books	1
The Horn Book Magazine	1
The Information Professional's Glossary-Electronic Resource	1
The Whole Library Handbook 4：Current Data，Professional Advice，and Curiosa about Libraries and Library Services by George M. Eberhart	1
Virtual Reference Bibliography	1
WorldCat（OCLC First Search）	1

索 引